Rainer Witt

Wenn's dreimal pfeift, gibt's Ärger

Geschichten und Anekdoten aus Darmstadt

Wartberg Verlag

Bildnachweis

Familie Heiß S. 5
Merck-Archiv S. 8, 18, 19, 20, 21, 31, 64
Merck-Hausmuseum S. 17
Archiv Dr. Hans-Rolf Ropertz S. 12, 13, 14
Archiv Pippo Russo S. 25, 26, 28, 29
Sekretariat Johannes Leppich, Darmstadt S. 43, 44, 46
Galerie Lattermann S. 50, 51, 52
Archiv Darmstädter Echo S. 62, 72 (Jürgen Schmitt), 75, 76
Alle übrigen Bilder stammen von Rainer Witt.

1. Auflage 2010
Alle Rechte vorbehalten, auch die des auszugsweisen Nach-
drucks und der fotomechanischen Wiedergabe.
Satz und Layout: Grafik & Design Ulrich Weiß, Extertal
Druck: Hoehl-Druck Medien+Service GmbH, Bad Hersfeld
Buchbinderische Verarbeitung:
Buchbinderei Büge, Celle
© Wartberg Verlag GmbH & Co. KG
34281 Gudensberg-Gleichen, Im Wiesental 1
Telefon (0 56 03) 9 30 50
www.wartberg-verlag.de
ISBN 978-3-8313-2121-6

Inhaltsverzeichnis

Vorwort 4

Wie der Phoenix aus der Asche 5

Auf zu neuen Ufern 11

Süße Verlockungen in der Holzhofallee 16

Mit acht Fremdsprachen dicht am Kunden 17

Wenn's dreimal pfeift, gibt's Ärger 23

Wie die Pizza einst nach Darmstadt kam 24

Die ganz Mischpoche kauft Pensee 31

In memoriam „Halla" 34

Ein Mann – sein Wort 39

Das „Maschinengewehr Gottes" und seine Darmstädter Wurzeln 43

Von Dabbefang und Illwetrittscher 48

Ein Meenzer Bub wird Darmstädter 50

Spottverse auf Straßennamen 55

Papa Behrend und sein „Knusperhäuschen" 57

In Kürze mit Würze 60

Treue Wacht unter den Marktplatz-Arkaden 62

Ein Mann der Muse und ein Störenfried 64

Vom „Keller-Klub" zum „Underground" 66

Ein Bürgermeister, der keiner war 71

Der Mann, den alle „Kasper" nannten 75

„Es gefällt uns sehr gut..." 78

Vorwort

DIE ALTE UND DIE NEUE Geschichte Darmstadts, der „Stadt am Woog", bietet ein Füllhorn interessanter Informationen, wimmelt von Anekdoten und Erzählenswertem. Wer sich vertieft, recherchiert und darüber schreibt, wird zum Wanderer zwischen den Zeiten, entdeckt Vertrautes neu und hat über einen längeren Zeitraum ständige Aha-Erlebnisse, die es vergnüglich weiterzugeben gilt. Somit ist der Autor eine Art Kundschafter, dessen Fährten die Leserinnen und Leser folgen können.

Es gehört zum Gang der Dinge, dass Erinnerungen verblassen, Menschen, die die Stadt geprägt haben, gehen und vergessen werden. Die Generation, die sie begleitet und gekannt hat, wird von einer neuen abgelöst. Wer Glück hat, erhält eine Gedenktafel oder bleibt als Namensgeber für eine Straße oder einen Platz im Gedächtnis ... oder taucht als kleiner Held des Darmstädter Alltags auf einer der folgenden Seiten auf.

Wenn Sie so viel Spaß beim Lesen haben, wie ich beim Recherchieren und Schreiben hatte, hat dieses Büchlein seine Aufgabe voll erfüllt.

Rainer Witt

Wie der Phoenix aus der Asche

Die legendäre Wiederauferstehung der Darmstädter „Bockshaut"

KEINE DREI MONATE waren nach der schrecklichen Darmstädter „Brandnacht", nach dem Bombenhagel, bei dem am 11. September 1944 zwölftausend Bürgerinnen und Bürger ihr Leben ließen, vergangen, da wurde in einem alten Traditionslokal, der zum Teil zerbombten „Bockshaut" neben der Stadtkirche, schon wieder ausgeschenkt und wacker gezecht. Die Darmstädter ließen sich nicht unterkriegen, auch Sofie Heiß nicht, seit 1918 mit Gemahl Friedrich Wirte im historischen Haus.

Dass es dazu kommen konnte, hatten die Wirtin, ihre Kinder Franz, Annemarie und Lieselotte sowie die Gäste jenen Baumeistern zu verdanken, die anno 1580 ein solides Pfarrhaus mit mächtigen Kellergewölben erstellt hatten, damals am Stadtrand neben der Stadtmauer gelegen – die heutige „Bockshaut." Die gewaltigen Kellermauern und

Sofie Heiß machte in der Nachkriegszeit aus der Not eine Tugend und eröffnete ihre Kellerwirtschaft im zerstörten Haus.

5

Der Lokalname „Bocks-haut" gibt nur so lange Rätsel auf, bis man sich mit der umfassenden Geschichte des Hauses befasst.

Bögen überdauerten nicht nur die Jahrhunderte, sondern auch den schicksalhaften Bombenangriff auf die Stadt. Hier lag der Grundstein für den improvisierten Neuanfang. Sofie, eine agile Mittfünfzigerin damals, hatte manchen Tropfen über die Kriegswirren hinweg gerettet. Ende 1944 eilte ihr die Babenhäuser „Michels-Brauerei" zu Hilfe. Die bestand aus hölzernen 50-Liter-Fässern voller Bier, die unter ziemlichem Kraftaufwand in den großen Keller an der Kirchstraße gewuchtet werden mussten. Es war für die Stammgäste und andere fast ein Weihnachtsgeschenk, als es im Dezember 1944 wieder gefüllte Gläser gab – wenn auch in eher unwirtlicher Umgebung.

Dass Not erfinderisch macht, wusste auch Sofie Heiß. Wer zu knapp bei Kasse war, um die Zeche zu bezahlen, konnte sich mit Kartoffeln, einem Huhn – oder mitgebrachten Ziegelsteinen seinen Schoppen finanzieren.

An den „großen Sohn des Hauses" erinnert jenes Schild an der Außenfassade der „Bockshaut" in Höhe der ersten Etage.

Die Steine dienten zum Wiederaufbau des Hauses, dem sich Sofie mit ihren Kindern nun intensiv widmete. Nach knapp fünf Kellerjahren ging es im wahrsten Wortsinn aufwärts. Man zog vom urigen alten Keller, den man noch heute besichtigen kann, ins Parterre – die Darmstädter strömten zuhauf in ihre „Bockshaut".

Dort war es, wie in anderen Lokalen auch, gestattet, hart gekochte Eier, ein kaltes Schnitzel oder belegte Brote mitzubringen, um dann nur den Schoppen zu bestellen. Mancher besuchte im gleichen Haus sicher auch eine der benachbarten Institutionen: Teile des Darmstädter Pfandleihhauses sowie das 1. Polizeirevier fanden in der frühen Nachkriegszeit Quartier in der Kirchstraße 7.

Damals wie heute fragt aber auch so mancher, wie es zu dem ungewöhnlichen Lokalnamen gekommen ist. Das hat damit zu tun, dass im Jahr 1760 in dem Gebäude die aus Kusel stammende Gerberfamilie Gervinus Quartier bezog. Und das Zunftzeichen vor die Haustür hängte: eine Bockshaut. Sie blieb nicht lange Symbol für handwerk-

Monumental und äußerst beeindruckend empfangen die beiden Habich-Figuren „Mann und Frau" die Besucher des Ernst-Ludwig-Hauses auf dem Darmstädter Musenhügel „Mathildenhöhe."

liches Treiben – der rührige Gerbermeister Johann Gervinus eröffnete 1795 im gleichen Gebäude eine gut gehende Weinwirtschaft mit Weinhandel und begründete somit die gastronomische Tradition des Hauses, das nun auf weit über zweihundert Jahre „wirtschaftlicher" Tätigkeiten zurückblicken kann.

Die „Bockshaut" spielt aber noch eine andere historische Rolle – nämlich als „Wiege".

Mit Georg Gottfried Gervinus kam am 20. Mai 1805 jener Mann dort zur Welt, der später als einer der berühmten „Sieben Göttinger Professoren" Geschichte schrieb, wie auch als bedeutender Redner bei der Frankfurter Nationalversammlung 1848/1849, bei der die deutsche Demokratie aus der Taufe gehoben wurde.

In den stilvoll und mit vielen Antiquitäten eingerichteten Räumen der „Bockshaut" vergisst man rasch den Trubel der Darmstädter City vor der Haustür.

9

Gut fünf Jahre zuvor hatte der Besitzer des Hauses gewechselt – der Weinhändler Georg Habich war eingezogen und freute sich sicherlich samt Gattin, als im April 1872 der kleine Ludwig geboren wurde. Auch er schrieb Geschichte, gilt noch immer als bedeutender Bildhauer des Jugendstils und wirkte gut sechs Jahre lang ab 1900 in seiner Heimatstadt und der nun entstehenden Künstlerkolonie. Dort schuf er die heute noch beeindruckenden Monumentalfiguren „Mann und Frau" am Eingang des Ernst-Ludwig-Hauses auf der Mathildenhöhe. Auch an anderen Stellen in Darmstadt hat Habich Spuren seines Schaffens hinterlassen. Es scheint, als habe die „Bockshaut" einen ganz besonderen Atem, den so mancher dort Geborene eingehaucht bekam.

Wer heute in der Schwemme des Lokals gegenüber dem Tresen Platz nimmt, befindet sich in traditionsreicher Gesellschaft. Alte Familienbilder, vom heutigen Betreiber Reiner Heiß, der 1989 die „Bockshaut" als Geschäftsführer übernahm und 1994 Besitzer wurde an den Wänden drapiert, belegen die lange Tradition des Hauses, das sich immer in Sachen Speis und Trank am „gut Bürgerlichen" orientiert hat und dabei bestens gefahren ist. Früher wie heute wird deutsche Kost und deutscher Rebensaft im Haus neben der Stadtkirche hochgehalten, das Küchen-Credo orientiert sich an Produkten aus der Region.

Auch Sofie Heiß lächelt dort von einem Foto und behält den Tresen gegenüber im Auge.

Nur eine Tradition gibt es nicht mehr: Hühner, Kartoffeln oder Ziegelsteine werden zur Begleichung der Zeche nicht mehr akzeptiert. Das Jahr 2010 ist für die „Bockshaut" von besonderer Bedeutung. Als einziges hessisches Lokal darf sich die „Bockshaut" samt dem angegliederten Drei-Sterne-Hotel mitten im Stadtkern nun „Historisches Wirtshaus" nennen, woran keiner rütteln kann, der sich mit ihrer Geschichte befasst hat. Im gleichen Jahr besteht die „Bockshaut" 430 Jahre – und das Restaurant begeht seinen 215-jährigen Geburtstag.

Auf zu neuen Ufern

Henschel & Ropertz startet in eine neue Zukunft

IM JAHR 1947, so vermelden städtische Annalen, waren in Darmstadt rund 750 Geschäfte wieder eröffnet, meist Provisorien, darunter auch „Henschel & Ropertz". Ein Teil des großen, beeindruckenden Gebäudes am Marktplatz lag noch in Trümmern, die Familie Ropertz hatte es doppelt getroffen – der Betrieb wie auch der Familiensitz im Claudiusweg waren von Bomben und einer Luftmine ausradiert worden.

Die Familie emigrierte nach Traisa. Dr. Hans-Rolf Ropertz berichtet von einem Aufregung verursachenden Erlebnis in seinem elften Lebensjahr, 1946: „Die Amerikaner forderten durch einen deutschen Ausrufer die Traisaer auf, sämtliche Jungs zwischen neun und zwölf Jahren am nächsten Tag zum Bahnhof zu schicken. Gerüchte machten die Runde, Goebbels' Gräuelpropaganda wirkte nach, viele Familien waren verunsichert, hatten Angst. Am nächsten Tag postierten sich die Jungen in Dreierreihen und wurden von zwei Jeeps, auf denen Maschinengewehre montiert waren, und ihren Besatzungen zum Bahnhof eskortiert. Dort stand ein Güterwagen, die Türen wurden geöffnet, die Jungen zum Einsteigen aufgefordert – in Anwesenheit ihrer aufgeregten Eltern." Dann, so erzählt Dr. Ropertz, hätten die Amerikaner die Jungs aufgefordert, sich zu bedienen. Der Güterwaggon war mit Handkäse gefüllt und jeder Knabe durfte so viel nehmen, wie er tragen konnte. Beim Abmarsch allerdings seien einige der „Käseträger" in einem Hohlweg von Jungs aus Nieder-Ramstadt angehalten worden. Bei der dann beginnenden „Schlacht" hätten die Nieder-Ramstädter ordentliche Mengen des Handkäses erobert.

In Darmstadt, dort unter Führung seines Vaters Hans Ropertz, haben tüchtige Kaufhausmitarbeiter zu jener Zeit das Beste aus der Situation am Marktplatz gemacht. Sie

Rechts vom „Weißen Turm" erkennt man noch Reste der Fassade von „Henschel & Ropertz", die rare Aufnahme ist kurz nach den Luftangriffen auf Darmstadt entstanden.

richteten die erste Etage des zerstörten Kaufhauses notdürftig her, von der „Olitzsch-Passage" gelangten die Kunden durch das Treppenhaus zum Nachkriegs-Einkaufserlebnis. Gut ein Jahr Arbeit steckte hinter dem Provisorium, jetzt gab es neue Waren – Holzgeräte, von findigen Köpfen umgearbeitete und zu Haushaltswaren gemachte Militärgegenstände sowie erste Textilien wurden feilgeboten. Der Herr des Hauses, Hans Ropertz, residierte mittendrin – hinter einem,

wie sich Sohn Hans-Rolf erinnert – mit Papier beklebten Konfektionsständer.

Es war kalt, es war zugig, dauerte lange, bis wieder geheizt werden konnte. Das sollte nur der Anfang sein, denn am 9. Oktober 1948 lockten Anzeigen im „Darmstädter Echo" und „Darmstädter Tagblatt" die Menschen an – zur Eröffnung am Dienstag, dem 12. Oktober um elf Uhr. „Wir zeigen Ihnen, dass wir das sind und bleiben, was wir immer waren" lautete der selbstbewusste Text, der Tage darauf so viele Menschen Richtung „Weißer Turm" lockte, dass berittene Polizei den Ansturm der Massen kanalisieren musste.

Hans-Rolf Ropertz, damals Schüler am provisorisch auf der „Schulinsel" untergebrachten „LGG", dem Ludwig-Georgs-Gymnasium, schaffte es nicht durch das Gedränge zu kommen, um, wie er sich erinnert, „meinem Vater Gutes zu sagen." Erdgeschoss und erste Etage standen nun für die Kunden bereit. Typisch für die erste Nachkriegs-

Der Ansturm bei „H & R" war kaum zu bewältigen, ganz Darmstadt stürzte sich voller Neugier bei der Wiedereröffnung auf die Angebote am Marktplatz.

zeit war auch die Kleinanzeigen-Werbung des Hauses, das anbot, gegen Stoffgestellung Knaben- und Herrenmützen zu nähen.

Später folgte der Ausbau der oberen Etagen. Bis es aber so weit war, musste auch der Chef mit anpacken wenn es galt, Ziegelsteine von altem Mörtel zu befreien und Schutt wegzuräumen. Als Sicherheit zur Aufnahme notwendiger Kredite gab es damals nur das Grundstück. Der Bank schien das auszureichen, sie vertraute wohl auch auf die bekannten kaufmännischen Erfolge der Besitzer und steuerte ihr Scherflein zum Wiederaufbau bei, der nun mit Fremd- und Eigenmitteln voranging.

Wo heute Computerkassen schnurren, bargeldloser Zahlungsverkehr die Regel ist, war in der Wiederaufbauzeit und lange danach Handarbeit angesagt. Warenlisten wurden von Hand geführt, der Chef selbst begab sich in die Kellerräume des Hauses, wo auf großen Tischen Waren-Neueingänge ausgelegt auf die Preisauszeichnung von Hand warteten. Es dauerte bis zum Herbst 1952, bis der in Darmstadt kurz „H & R" genannte Traditionsbetrieb nach vollendetem Gesamtumbau die Türen öffnete. Zuvor hatte sich Hans Ropertz erfolgreich den Versuchen der Stadt widersetzt, ihm Vorschriften in Sachen Gebäudegestaltung zu machen.

Süße Verlockungen in der Holzhofallee

Darmstädter Schokolade wurde bei „Hardy" produziert

„MIR GEHE BRUCH HOLE" – das war mal ein geflügelter Darmstädter Spruch in den Sechzigerjahren, so mancher machte sich zu Fuß oder mit dem Fahrzeug auf, um sich preiswerte Leckereien in der „Hardy-Schokoladenfabrik" in der unteren Holzhofallee zu besorgen. Die Fabrik, Eigentümer war die Familie Weigel, war in einem von der damaligen „Wiederaufbau-GmbH" verwalteten Gebäude untergekommen, produzierte eigene Kakao-Marken und unter anderem die Schokolade „Santa Maria." Bei der Produktion gab es gelegentlich Bruch, die Bruchstücke aus verschiedenen Produktionsabläufen wurden preiswert in kleinen Papiertüten angeboten und an den Mann gebracht.

Im Spätsommer 1967 war es mit den süßen, paradiesischen Zeiten vorbei, mangels Nachfolge entschloss sich die inzwischen verwitwete Inhaberin Therese Weigel, den Betrieb aufzugeben, sprach erste Kündigungen aus.

Außer den Erinnerungen älterer Darmstädter ist von „Hardy" nicht mehr viel zu finden, es sei denn, man tut sich im Internet um. „Kakaodose, Blech, Hardy-Darmstadt, selten" konnte man vor einiger Zeit die Offerte in einem Internet-Auktionshaus entdecken wie auch die für ein uraltes Heftchen: „Herstellung Schokolade Santa Maria, Hardy Darmstadt".

Mit acht Fremdsprachen dicht am Kunden

Die „Engel-Apotheke" ist eine Darmstädter Institution

WENN RENATE KOEHLER sich heutzutage am frühen Morgen auf ihr Fahrrad schwingt, hat sie ein Ziel, das viele Darmstädter kennen. Die „Engel-Apotheke", die von der Merck-Enkelin aus der elften Generation seit über zwanzig Jahren geführt wird. Würde man die agile Apothekerin in ein Gespräch über die Geschichte des Hauses verwickeln, müsste sie weit ausholen – bis in die Zeit von Johann Samuel Böckler und dessen Apothekengründung anno 1654. „Hofapotheker" durfte er sich nennen, Landgraf Georg II. hatte das entsprechende Privileg erlassen, eine zweite Apotheke, die spätere „Engel-Apotheke" folgte der Erstgründung. Mit 37 Jahren starb der Hofapotheker im Jahr 1663, ein Vermerk im Kirchenbuch attestiert ihm, ein „berühmter

Nicht ganz so hell und aufgeräumt wie hier im Merck-Museum dürfte es einst in der Apotheke von Johann Samuel Böckler ausgesehen haben.

Ein steinerner Engel als Symbol und Namensgeber für die darunterliegende Apotheke am Luisenplatz – leider ist er spurlos verschwunden.

und wohl erfahrener Apotheker" gewesen zu sein.

Im Jahr des Herrn 1668 kaufte der in Schweinfurt gebürtige Friedrich Jacob Merck die Apotheke. Nach seinem Tod und einer kinderlosen Beziehung übernahm Neffe Georg Friedrich Jakob Merck den Betrieb. Über Jahrhunderte hinweg, mit wenigen Pächter-Ausnahmen, blieb die Apotheke in Merck'scher Hand. Unter Heinrich Emanuel Merck, Zeitgenosse und Freund von Liebig, wuchs dann ab 1816 die damals noch am Schlossgraben befindliche Apotheke über sich hinaus. Der kaum zu bremsende Forscherdrang von Heinrich Emanuel war größer als die zur Verfügung stehenden Räumlichkeiten. Aus dem einst kleinen Gartenhaus entwickelten sich – Keimzelle für den heutigen Weltkonzern – Laboratorien und Fabrikanlagen. Auch für die Engel-Apotheke sollte der Platz nicht mehr ausreichen, 1836 erfolgte der Umzug in die Rheinstraße 9. Vielleicht sind es gerade diese über dreihundert Jahre Firmengeschichte, die so viele ihre Schritte in das Haus am Luisenplatz lenken lassen und sicher trägt auch die zentrale Lage und gute Erreichbarkeit direkt am Darmstädter Nahverkehrs-Knotenpunkt dazu bei. In der warmen

Nur noch Ruinen blieben von der „Engel-Apotheke" im Herzen der Stadt.

Jahreszeit kann man direkt vor der Apothekentür, auch gegenüber, im Freien Platz nehmen und genüsslich einen Espresso schlürfen. Dort steht noch immer das Denkmal für Justus von Liebig – den eine persönliche Beziehung mit Heinrich Emanuel Merck verband, jenem Engel-Apotheker und Darmstädter, der die „Chemische Fabrik E. Merck" einst ins Leben rief. Wer aber den Blick die Fassade entlangwandern lässt wird das nicht mehr entdecken, was den Darmstädtern bis in die Vierzigerjahre vertraut war: die in Höhe der ersten Etage an der Gebäudeecke zur Rheinstraße angebrachte Engelsfigur. Mutmaßlich ist sie Abrissarbeiten zum Opfer gefallen, als es nach dem Weltkrieg an den Wiederaufbau ging.

Aber die Engel-Apotheke hat außer historischem Odem noch weitere Besonderheiten zu bieten, um dem „Multikulti" in der Stadt gerecht zu werden: Neben Deutsch als Muttersprache der Mitarbeiter, zur Not auch einem Beratungsgespräch im gemäßigten Heiner-Dialekt, gibt es fachliche Beratung auf Englisch, Französisch, Spanisch,

Italienisch, Portugiesisch, Polnisch, Russisch und Türkisch. Wer zum schon babylonischen Sprachwirrwarr im positiven Sinne noch Lust auf ein Plauderchen hat, findet auch noch seine Zuhörer in weißen Kitteln. Ein weiterer Umstand macht die große Apotheke zusätzlich zum Markenartikel: Langes Anstehen gibt es nicht, die Tür zu den hinteren Räumen serviert ständig flotte Mitarbeiter Richtung Kundenwunsch.

Der moderne Dienstleister, bei dem viele Aktionen durch besonders clevere Computerkassen gesteuert werden, teilt aber auch sein Schicksal mit dem zahlreicher anderer Traditionsfirmen in der Stadt am Woog – die Ausbombung in der „Brandnacht" am 11. September 1944 und der totalen Zerstörung des damaligen Merck-Hauses.

Es waren zwei Koryphäen der modernen Architektur, die dem noch immer zeitlos modern anmutenden Gebäude am Luisenplatz seine Form gaben – die Professoren Theo Papst und Heinrich Schmitt. Im heute nostalgisch-legendären Stil der 50er-Jahre wurde die Apotheke mit großen, viel Licht spendenden Fenstern auf gut

Wiederaufbau im Stil der 50er-Jahre – vorne links über der Heizung das „silberne Brünnlein". Mit dem Wasserspender, an dem sich jeder Kunde bedienen konnte, war die Apotheke der Zeit damals weit voraus.

150 Quadratmetern wieder aufgebaut. Als die Darmstädter bei der Eröffnung 1952 dort vielleicht um Hansaplast und Spalt-Tabletten anstanden, fanden sie einen Sitzplatz mit einladenden, damals topmodernen Stahlrohrmöbeln vor und ein Brünnlein aus Silber, das ununterbrochen frisches Wasser spendete – ein Hingucker.

Das einzige Problem, das die Familie Merck nach absolviertem Wiederaufbau mit der Apotheke hatte, war ein geeigneter Nachfolger – in der schon damals stattlichen Merck-Familie fand sich einmal mehr kein Apotheker zur Übernahme, mit Dr. Hans Budde aber ward ein tüchtiger Pächter aufgetan, der die Apotheke bis zum Ende der 70er-Jahre erfolgreich führte. Dr. Fritz Merck gab ihm bei der Schlüsselübergabe mit auf den Weg: „... somit übergeben wir das Haus seiner altangestammten Bestimmung. Möge der alte Merck'sche Geist in diesem Hause walten. Mögen glücklichere Generationen als die unsere Nutzen und Segen aus der in diesem Hause geleisteten Arbeit schöpfen. Möge das neue Heim noch Jahrhunderte der Engel-Apotheke Schutz und Schirm verleihen."

Passend zur Inneneinrichtung kam auch die Kundschaft im Kleidungsstil der 50er-Jahre in die Apotheke.

21

Als Budde 1977 das Zepter aus der Hand gab, kam die Apothekerin Margret Kohlschütter aus der zehnten Merck-Generation zum Zug. Unter ihr wie auch später unter den Prokuristen Renate Koehler und Gerhard Köhnemann wurde die Traditionsapotheke, die mittlerweile tüchtig Konkurrenz bekommen hatte, großzügig, modern und umfangreich umgebaut. Nach dem Kauf der Apotheke durch Köhnemann und Koehler vor gut zwanzig Jahren und einer Vergrößerung des engagierten Leitungsteams schied Köhnemann 2007 aus der Partnerschaft aus. Seit dieser Zeit ist Renate Koehler, übrigens Gattin des Chefs der „Darmstädter Privatbrauerei" Wolfgang Koehler, Alleinherrin im Haus am Luisenplatz, das auch zu einem Haus der kurzen Wege geworden ist. In nachbarschaftlicher Symbiose arbeiten Apotheke und zahlreiche Fachärzte dort unter einem Dach zusammen.

Wenn's dreimal pfeift, gibt's Ärger

**In den Fünfzigern drehte der „Herrngartenschütz"
seine Runden**

ER WAR, SO ERINNERT sich heute mancher, groß, kräftig, ein etwas grobschlächtiger Mann in grünlicher Uniform und einer Respekt heischenden grünen Mütze mit Silberkordel und schwarzem Schild: der „Herrngartenschütz". Der, wie der Name schon sagt, amtlich befugt auf den Herrngarten aufpasste, vor allem aber auf die Lausbuben aus der näheren Umgebung, dem Johannesviertel, und Büsche, Blumen, Wiesen, Bäume und den Teich schützte. Wer mit Schwung, mit Rad oder Roller über die breiten Wege zischte, wer meinte, auf dem satten Wiesengrün Fußball spielen zu müssen, dem drohte die Bekanntschaft mit dem „Schütz". Seine stärkste Waffe war eine kleine, silberfarbene Trillerpfeife, die er bei Bedarf aus der Tasche holte. Drei gellende Pfiffe, selbst aus weiterer Entfernung, sorgten umgehend für Ordnung. Die akustische Drohung führte entweder zu flüchtenden Horden, die im gestreckten Galopp das mit dicken Mauern eingefriedete Areal verließen, um dann atemlos in einer Toreinfahrt der Alicen-, Landwehr- oder Viktoriastraße zu verschnaufen. Andere böse Buben, Mädels waren selten betroffen, ergriffen das Hasenpanier in Richtung „Großes Haus" oder am Landesmuseum vorbei zum Schloss und versteckten sich dort in einem der großen Innenhöfe.
Der „Schütz" sorgte also mit wenig Aufwand für viel Bewegung, selten reckte er eine drohende Hand in die Richtung der Übeltäter, die stets gegen Regeln verstießen, die keiner kannte – außer dem „Herrngartenschütz". Kaum einer der damals Betroffenen hat den Schütz jemals hinter Kindern herrennen geschweige denn laufen gesehen – drei schrille Pfiffe haben allemal im Handumdrehen für Ruhe und Ordnung gesorgt.

Wie die Pizza einst nach Darmstadt kam

Aufstieg und Fall des Salvatore Russo

ALS ER IM APRIL 1914 im sizilianischen Messina zur Welt kam, konnte niemand ahnen, dass er zum frühen Ende seines Lebens genau dort zu Fall kommen würde – geschäftlich. Salvatore Russo kam als Auslandskorrespondent 1937 nach Berlin, arbeitete für italienische Zeitungen, zog kurzfristig in den Krieg, kam wieder – und per Dekret von oben völlig unfreiwillig nach Darmstadt. Das war 1943, als das Hitler-Regime schon längst Lager errichtet hatte, um Menschen wie Russo und andere Ausländer zu internieren. Salvatore landete in einer der großen Nissen-Hütten hinter Stacheldraht auf dem Gelände des späteren Fernmeldetechnischen Zentralamtes (FTZ) an der Rheinstraße und wurde, ohne eine Ahnung vom Handwerk zu haben, Elektriker.

Die deutschen Männer kämpften an vielen Fronten, in der Heimat wurde jede Arbeitskraft benötigt, also schickte man den gut Deutsch sprechenden kleinen Mann aus Sizilien zu „Elektro-Keil", wo er rasch lernte, Leitungen zu verlegen, ohne dass es zum „Kurzen" kam oder er einen „Schlag" bekam. Am frühen Morgen um sieben Uhr verließ er – quasi als Freigänger – das Internierungslager, abends kehrte er brav zurück. Bis zu jenem Tag, als er sich – das nahende Kriegsende vor Augen, die Amerikaner standen bereits bei Oppenheim – in einem schmutzigen Kellerloch versteckte, dem heutigen „Pädagog-Keller", und sich von Irma, einer netten Darmstädterin, die er bei seinen Montagetätigkeiten kennengelernt hatte, versorgen ließ. Bei Nacht und Nebel schlich die junge Frau mit Suppentopf und Brotscheiben im Wechsel mit ihrem Vater zum Pädagog, um ihren Salvatore über Wasser zu halten. Kaum war der Krieg vorbei, engagierte sich Salvatore auf dem Schwarzmarkt und ernährte so die Kriegerwitwe Irma und ihre beiden kleinen Kinder. Papa Rus-

Man sieht Salvatore Russo auf diesem Bild aus dem Jahr 1948 an, dass er eine entbehrungsreiche Zeit hinter sich hat. Doch das sollte sich rasch ändern.

so organisierte von Amerikanern Zigaretten, Whisky und andere gefragte Artikel, die er mit Gewinn weiterveräußerte. Gelegentlich lud der begeisterte Hobbykoch seine amerikanischen Geschäftspartner zu selbst gekochten italienischen Küchenklassikern ein, bis der kulinarische Anstoß kam.

In Amerika könne man an jeder Ecke Pizza kaufen, wurde ihm angetragen, er könne doch eine Pizzeria eröffnen und den hungrigen GIs gegen Bares belegte Teigfladen verkaufen. Salvatore war erst einmal entsetzt. Was er unter dem Begriff „Pizza" kannte, das waren die doch recht kleinen neapolitanischen Pizze, letzten Endes runde Teigstücke, die mit dem belegt wurden, was in der Küche übrig blieb. Erst als seine amerikanischen Gesprächspartner ihm erklärten, dass eine Pizza gut dreißig Zentimeter Durchmesser haben sollte, mal belegt mit pikanter Salami, mal mit Schinken und Pilzen, Tomatenkonzentrat und Käse, dass das ein komplettes Mahl sei, fasste Salvatore Mut. Und eröffnete zum Jahresbeginn, gesegnet mit einer städtischen Konzession, 1950 in der Mathildenstraße Nr. 49 das „Ristorante Roma."

Der Stammsitz der Russos in der Mathildenstraße 49 – vom Vater persönlich zu einem stattlichen Haus hochgezogen.

Die Eröffnung fand fast zeitgleich mit der Abschaffung der Lebensmittelkarten statt. Mit einiger Wahrscheinlichkeit war es Salvatore Russo, der die erste Pizzeria auf bundesdeutschem Boden eröffnete – was aber noch lange nicht hieß, dass nun die Darmstädter zuhauf ins „Roma" strömten. Sie hatten andere Sorgen, als sich mit einer frischen, duftenden Pizza zu versorgen und überließen das Feld in der Mathildenstraße den Ideengebern – den Amerikanern, kurz „Amis" genannt. Während die einfachen GIs an ihrem Wehrsold knappsten, strömte vom Sergeant aufwärts bis in die Offiziersriege nun so manche US-Familie von „Lincoln Village" oder der „Jefferson Housing Area" zu Salvatore und ließ es sich gut gehen. Nach einigen Monaten florierendem Pizzabetrieb wurde im „Roma" gefeiert.

Stammhalter Giuseppe kam im Sommer 1950 zur Welt. Heute kennen ihn die Darmstädter als Pippo Russo, den Verleger des Stadtmagazins „Vorhang auf". Mit Pippo komplettierte sich die Familie auf drei Kinder, denn die spätere Frau Russo hatte Sohn Horst und die Tochter Marita mit in die Ehe gebracht. Papa Russo ließ sich bis 1957 Zeit und zog dann mit seiner Irma vor den Traualtar.

Im Jahr 1951 war er, fast unbemerkt, einmal mehr Pionier in seinem Leben: Russo war als erster „ausländischer" Gastronom mit seinem Stand auf dem „Heinerfest", das in diesem Jahr Premiere hatte, vertreten.

Die meisten Kunden in der Mathildenstraße waren Amerikaner, allmählich stellten sich aber auch neugierige Darmstädter in der Pizzeria ein. Klein-Pippo wurde vom rührigen Vater mit Handzetteln ausstaffiert und marschierte in Richtung der großen US-Kasernen und den „Housing-Areas" der Amerikaner in Darmstadt, wo er sie verteilte. Durch diese Aktionen gewann der Papa neue Kunden hinzu, bis Papa Salvatore beschloss, seinen mobilen Pizzaservice ins Leben zu rufen – mit dem er ebenfalls seiner Zeit weit voraus war. Im „Roma" verkehrten einige Maschinenbau-Studenten von der Technischen Hochschule, die Russo-Senior mit seiner Idee vertraut machte. Nach langen und rotweinträchtigen Diskussionsabenden waren die Baupläne fertiggestellt.

Russo kaufte einen Ford-Transit, der flugs von engagierten Karosseriebauern zur fahrbaren Pizzeria ausgebaut wurde, lange, lange bevor mobile Wurst- und Hähnchen-Grills auftauchten. Im abgetrennten Heck, hinter dem Fahrersitz, wurden zwei mit Gas betriebene Pizzaöfen eingebaut, links und rechts an den Längsseiten des Kleintransporters Regale für die Pizza-Zutaten und eine kleine Kühleinheit für den Teig, die heiße Abluft wurde durch ein Schornsteinsystem aus den Öfen geleitet, Ersatz-Gasflaschen verzurrt – und der moderne Werbespruch „Pizza to go" ins Gegenteil verkehrt. Man musste keine Pizza mehr holen, sie wurde vor den amerikanischen Wohnsiedlungen auf genehmigten Standplätzen im Auto frisch gebacken. „Pizza Pie directly from the open oven fire" verkündeten große Lettern auf der Fahrzeugfront.

Irma und Marita Russo posieren stolz vor der technischen Errungenschaft des Papas, der „rasenden Pizzeria".

Das war zu Beginn der 60er-Jahre und ein absolutes Novum, das von Stiefsohn Horst und einigen Helfern emsig betrieben wurde. In der Zwischenzeit hatten sich auch die Darmstädter mit dem Hauptprodukt des „Roma" arrangiert. Das Publikum, darunter viele junge Leute, war nun gut durchmischt, der Laden brummte. Papa Russo hätte mit sich und der Welt zufrieden sein können, die Kunden waren treu und angetan – wenn da nicht seine Strenge, geprägt vom sizilianischen Habitus, vom „Patrone"-Sein, gewesen wäre, unter der die Familie litt.

Kaum hatte Marita Russo einen GI namens Walt Blose kennen- und lieben gelernt, mit dem späteren High-School-Lehrer erst ein Verhältnis, dann eine Ehe einging und 1964 mit ihrem Walt nach Pennsylvenia entfleuchte, wo sie noch heute lebt, jetzt verwitwet und Urgroßmutter. Vater Russo hatte inzwischen in Selbsthilfe und aus Eigenmitteln aus dem einst ausgebombten, zuerst einstöckig wiederaufgebauten Pizzeria-Heim ein respektables Haus gebaut. Doch egal, ob er in der gesteiften blütenwei-ßen Schürze in der Küche oder am Tresen stand – Sizilien, die ferne Heimat, ließ ihn nicht los.

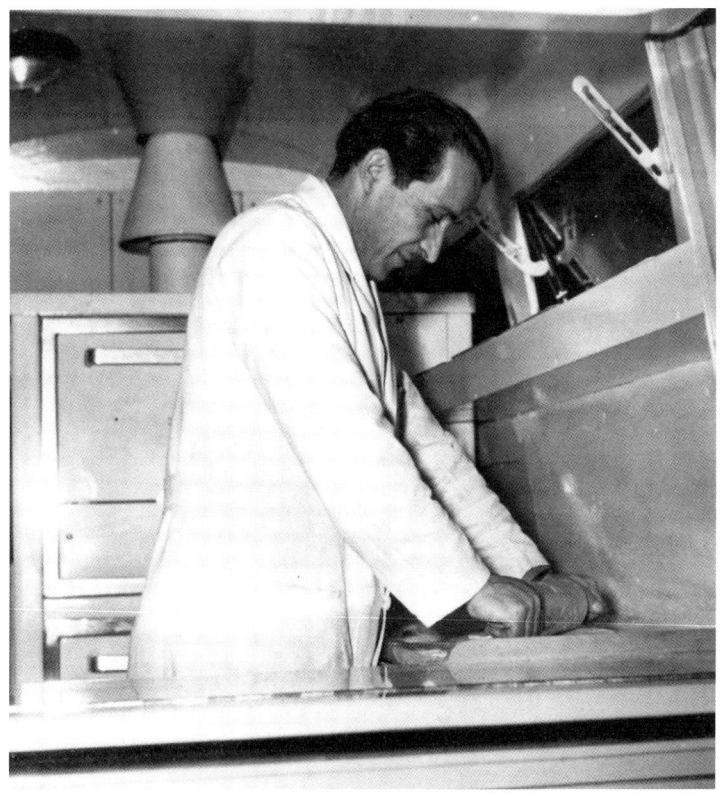

Statt mit der Teigrolle im Pizzabäcker-Auto zu stehen, hatte Papa Salvatore andere Pläne für die Zukunft – ein Hotel in Sizilien zu besitzen, in der Heimat, ein Lebenstraum.

Sein Lebenstraum, ein großes Hotel bei Messina zu bauen und dorthin zurückzukehren, ließ ihn nicht los. Er erwarb unter Einsatz des Gesparten ein Grundstück in der Heimat, finanzierte es zum Teil – und wurde mitten in der Finanzierungsphase von einem keineswegs hausgemachten Unheil heimgesucht. Darmstadts Stadtväter beschlossen den großzügigen Ausbau der Nieder-Ramstädter Straße, die vom „Grohe" aufwärts bis hin zum Herdweg den stärker werdenden Verkehr aufnehmen sollte. Gedacht, getan. Vater Russo sah das Unheil kommen, schaltete einen Anwalt ein, wollte Hinweisschilder für sein Lokal aufstellen – Absage von der Stadt. Neun Monate Bauzeit, Umleitungen, Parkplatzmangel nagten an der Kasse des „Roma", die US-Stammkunden verfuhren sich, egal, ob sie von der Heinrich- oder der oberen Nieder-Ramstädter Straße herangefahren kamen – sie fanden kaum noch ins Lokal. Auch vielen Darmstädter Kunden war es zu kompliziert, die verschlungenen Wege zum „Roma" auf sich zu nehmen, Parkplätze zu finden – das Geld im Hause Russo wurde knapp.

Das Grundstück bei Messina ging verloren, das „Roma" war am Rand der Pleite, Banken verlangten die Rückzahlung von Krediten, nun ging das Haus in der Mathildenstraße verloren und das „Ristorante" musste geschlossen werden. Am Ende erkrankte Salvatore auch noch schwer, und ihm blieb nur ein knappes Jahr, bis er am 14. Januar 1966 mit einundfünfzig Jahren für immer die Augen schloss.

Die ganz Mischpoche kauft Pensee

Französische und andere Anleihen im Darmstädter Sprachgut

MANCHE MENSCHEN SIND IN DARMSTADT nicht auf dem Bürgersteig, sondern auf dem „Trottoir" unterwegs. Vielleicht auch, um in einem Geschäft oder auf dem eher verwaisten Marktplatz „Pensee", Stiefmütterchen, zu kaufen.

Dabei erfolgt dann auch der Griff ins „Portemonnaie" bei der Bezahlung. Klar, dass ein „charmanter" Künstler, ein „Bohemien", in seinem „Atelier" tätig ist, ein anderer in der „Bel Etage" wohnt – oder im „Parterre", wenn nicht gar im „Souterrain". Hauptsach, mer verliert bei all dem net die „Kondenahs".

So manches sogenannte Lehenswort hat sich in das Darmstädter Sprachgut eingeschlichen. Grund dafür dürfte auch die ab Dezember 1918 erfolgte Besetzung von Griesheim, Wixhausen und Arheilgen durch französische Trup-

Einkaufen auf dem Darmstädter Marktplatz – dabei nahm so mancher auch frische, herrlich blühende „Pensee" mit nach Hause.

31

pen gewesen sein. Als die Darmstädter noch über Wasch-
küchen verfügten und die Wäsche in der Sonne gebleicht
wurde, half gegen Flecken „Schawellewasser", das „Eau
de Chavelle", und wer auf einem Laken krank daniederr-
lag, wurde auch mal als „malade" bezeichnet. Griesheimer
Marktfrauen, auf dem Marktplatz mit Obst und Gemüse
vertreten, traten bis in die Sechzigerjahre gerne mit der
Frage an: „Was darf's denn sei, Madamsche?", ohne dass
sich irgendwer etwas dabei gedacht hätte. Dass ein Friseur
einen „Salon" betrieb war genauso selbstverständlich, wie
man bei ihm einen „Fassongschnitt" orderte. Man wurde natürlich auch in den „Salon" gebeten, wenn man bei
sogenannten „bessere Leit" zu Gast war. Der eigentliche
Darmstädter Heiner aber bat „in die gut Stubb". Klar,
dass die Dame des Hauses bei solchen Anlässen „Rouge"
auflegte und der Herr zur „Pomade" griff, was sicherlich mit zur Erfindung des Darmstädter Schmähwortes
„Bappkopp" beigetragen hat. Mitunter wurde mit Gleichgesinnten im „Salon" ein „Circle" veranstaltet, da konnte
es sich um hochgeistigen Gesprächsstoff handeln oder um
Musisches, da wurde „parliert".
Auch die Soldateska kam frankophil daher – die großher-
zoglichen „leichten Reiter", Bestandteil der klassischen
Kavallerie, wurden im Dialekt „Schwollescheh" genannt
– Chevaux legers. Und wenn einer aus der Reihe tanzte,
wurde dem schon mal gedroht: „Hier, mach mer bloß kei
Fisimatente." Dieser Begriff, eine verbale Drohung, hat
verschiedene Deutungsarten. Zur Zeit napoleonischer Besetzung, zum Beispiel im Großraum Mainz, sollen französische Soldaten nette deutsche Mädchen dezent aufgefordert haben: „Visitez ma tente." (Besuchen Sie mein Zelt.).
Aber auch die Ausrede zu spät kommender und deshalb
sich Ärger einheimsender Franzosen wie „Je viens de visitez ma tante" (Ich komme gerade vom Besuch meiner
Tante) könnte zur Erfindung, südhessischer Adaption und
leichten Fehlinterpretation der „Fisimatenten" beigetragen haben.

Aber auch jiddische Elemente waren – zum Teil sind sie es noch – Bestandteile der „Heinersprache", fanden und finden sich aktuell aber auch im Hochdeutschen. Während der eine ein gutes Geschäft, seinen „Reibach" machte, stand der Kriminelle „Schmiere", damit er und seine Mittäter nicht erwischt wurden, nachdem sie ein geeignetes Objekt „ausbaldowert" hatten. Wurden sie erwischt, dann hat wohl die Polizei erst mal „Tacheles" mit ihnen geredet, bevor es dann bei der Gerichtsverhandlung „zappeduster" für die Gangster aussah, wenn ihnen der Richter die „Leviten" las. Kam es nicht dazu, hatte man „Massel" gehabt. Wenn einer in der „Mischpoche", der Familie, „gemauschelt" hatte, stand das vielleicht im Gegensatz zum Verhalten der „kessen" Tochter des Hauses. Eher unbewusst nutzen nicht nur die Darmstädter nach wie vor Teile des jiddischen Wortgutes, kaum wird ihnen aber bekannt sein, dass es Großherzog Ernst Ludwig war, der bewusst die Ansiedlung jüdischer Mitbürger, die in der Regel Geschäftsleute waren, forciert hatte. Er wollte die Gruppe guter Steuerzahler damit erhöhen.

Inzwischen überholen die Amerikanismen Heiner- und Hochdeutsch. Inzwischen wird gechillt, downgeloaded – aber von Älteren auch mal wieder Pensee gekauft – im Supermarkt.

In memoriam „Halla"

Der vierbeinigen Legende wurde am Oberfeld ein kleines Denkmal gesetzt

DIE „HALLASTRASSE" könnte sich in Darmstadt befinden, dem wackeren Ross zu Ehren, doch sie befindet sich samt lebensgroßer Bronzeplastik in Warendorf, wo die „Deutsche Reiterliche Vereinigung" (FN) ihren Sitz hat. Die FN hat in Sachen Halla-Ehrungen noch mehr ge-

„Halla" – das Wunderpferd in seinen besten Jahren.

Ein seltenes Exponat aus Hallas Glanzzeiten findet sich in der Halla-Erinnerungs-Ecke im Verwaltergebäude des Hofgutes.

tan – kein deutsches Turnierpferd, egal ob Dressur- oder Springpferd, darf diesen Namen jemals wieder tragen. Eigentlich schade, dass Darmstadt das mit olympischen Ehren überhäufte damalige Wunderpferd reichlich links hat liegen lassen – es hätte genügend Bildhauer und Maler in der Stadt am Woog („In Darmstadt leben die Künste" – so ein städtischer Werbespruch) gegeben, um „Halla", einem Hessen-Pferd mit Geburtsort „Hofgut Vierling, Erbacher Straße", regionale Ehre zu erweisen. Wenn nur einer dran gedacht hätte.

Dass es jetzt auf dem umgewidmeten, zum Teil unter Denkmalschutz stehenden Areal doch eine „Halla-Ecke" gibt, ist eher den neuen Betreibern, der „Stiftung Hofgut Oberfeld", zu verdanken, die seit 2006 Eigentümer der Wirtschaftsgebäude und somit der ehemaligen Domäne sind.

Klein-Halla, wenn man so sagen darf, erblickte am 16. Mai 1945 das Licht dieser Welt. Im Besitz von Gustav Vierling und seiner Familie, den Domänenpächtern, konnte sie auf saftigen Weiden grasen, umweht vom Oberfeld-Wind, der Frischluftschneise der Stadt. Vielleicht hat sie sogar frisches Quellwasser aus jenem inzwischen ge-

sicherten Gewölbe getrunken, das einst über eine unter-
irdische Leitung das Darmstädter Residenzschloss mit
köstlichem Nass versorgte. Die braune Stute mit einem
späteren Stockmaß von 171 Zentimetern hatte nicht ganz
so legendäre Vorfahren. Die Mutter, Helene, eine französische Beutestute unbekannter Abstammung, der Vater ein Traberhengst namens „Oberst". Zumindest er hat
der Tochter den angezüchteten Dauertrab, der jeden or-
dentlichen Traber lebenslang auszeichnet, nicht vererbt.
Es mag das sprichwörtliche französische Temperament
der Mutter sein, das Halla erst einmal Einsätze als Renn-
pferd bescherte. Die pferdekundigen, zuchterfahrenen
und selbst oft genug im Sattel sitzenden Vierlings er-
kannten aber auch das Springvermögen der nicht immer
einfachen Stute. Nach einem langen Training als Hinder-
nisrennpferd waren es schließlich die Mannen vom Olym-
pia-Komitee für Reiterei, die begehrliche Blicke auf das
Leistungspferd aus Darmstadt warfen. Für Halla war nun
die knochenharte Disziplin der „Military" angesagt, eine damals wie heute – für Ross und Reiter – halsbreche-
rische Disziplin, oft verbunden mit spektakulären Stür-
zen, Knochenbrüchen und Schlimmerem.

Unter wem auch immer, Halla war talentiert, erreichte
aber nie den reiterlichen Zenith. Bis der aufstrebende
Hans Günter Winkler sie 1951 mit dem nicht gerade
schmeichelnden Attribut „gescheitertes Militarypferd"
unter den Sattel nahm. 1954 wurden die beiden Welt-
meister und ein Jahr später ward Halla dann zum My-
thos – über dessen Entstehung es verschiedene Varianten
gibt, die wohl glaubhafteste liefert Hans Günter Winkler
selbst. Bei dem dreizehnten Hindernis des Stockholmer
Olympiaparcours', einem 1,60 Meter hohen Gartenkoppel-
zaun, habe sich Halla im Bestreben um einen fehlerfreien
Sprung noch in der Luft einen gewaltigen Ruck gegeben
und dabei mit der Hinterhand gedreht. Nur ein guter und
extrem aufmerksam reagierender Reiter kann eine solche
Bewegung aussitzen. Um nicht aus dem Sattel geschleu-

„Halla" in Porzellan an ihrer ehemaligen Weide auf dem „Hofgut Oberfeld" in lebendiger Nachbarschaft.

dert zu werden presste Winkler blitzschnell die Knie zusammen, um Halt zu haben. „In diesem Augenblick spürte ich einen wilden Schmerz in der Lendengegend, als hätte man mir einen Dolch durch den Köper gejagt", beschrieb Winkler später seine Schmerzen. Er rutschte aus einem Bügel, war halb betäubt vor Schmerz, verlor für Sekunden die Kontrolle über die munter marschierende Halla, am letzten Hindernis machten die beiden noch einen Fehler. „Ich hing nur noch im Sattel, als wir endlich die Ziellinie passierten. Jede Bewegung brachte neue Schmerzen, ohne mein Zutun trottete die Stute zum nahen Ausgang." Dort hoben schwedische Offiziere Winkler aus dem Sattel, später attestierte ihm der Mannschaftsarzt einen Muskelriss. Winkler und Halla aber stand noch ein zweiter Durchgang bevor. Er bekam den Rat, seine Oberschenkel mit seinem Gürtel zusammenzubinden, um dermaßen arretiert einigermaßen schmerzfrei zu bleiben. Zum zweiten Durchgang musste Winkler von Helfern in den Sattel der geduldig wartenden Halla gehoben, beim Einritt grüßte er den schwedischen König, ließ Halla, völlig ungewöhnlich, am langen Zügel über den Parcours galoppieren, stieß Schmerzensschreie aus – und gewann Gold in der Einzeldisziplin sowie die Goldmedaille in der Mannschaftswertung mit dem einzigen Null-Fehler-Ritt.

Eine Legende war geboren, die vom Wunderpferd Halla und die vom Wunderreiter Winkler. Unter dem später weltbesten Springreiter holte Halla 1960 noch einmal olympisches Gold. Zum Ende dieses Jahres beendete Halla ihre sportliche Laufbahn, ging in die Zucht, aber keines ihrer acht Fohlen erreichte Talent und Sprunggewalt der Mutter. Hoch betagt, vierunddreißig Jahre alt, hat Halla am 19. Mai 1979 diese Welt verlassen und ist in den Pferdehimmel gekommen – der „Tagesschau" war das einen Nachruf wert. Danach wurde sie noch einmal kurzfristig ein Medienstar, denn die BILD-Zeitung meldete: „Gemein – Halla zu Seife verarbeitet." In Ermangelung von Pferdefriedhöfen und um dem Gesetz zu genügen, wurde der letzte Gang des Wunderpferdes bei der Darmstädter Abdeckerei „A. Fischer und Söhne" unter der Bearbeitungsnummer 491 registriert. Am „Oberfeld" aber ist Halla nicht vergessen.

Wenn einen Dr. Arnulf Rosenstock vom Stiftungsvorstand über den Hof führt, entdeckt man Hallas alten Stall ebenso wie jene Ecke im ehemaligen Verwalterhaus, die Halla gewidmet ist – samt Hans Günter Winkler. Das „beste Stück" der Sammlung ist – Respekt – ein von der „Königlich Preußischen Porzellanmanufaktur" geschaffenes schneeweißes Kunstwerk, es stellt das berühmte Pferd dar.

Übrigens: Wer Glück hat und Briefmarkensammler ist, findet vielleicht eine mit Winkler und Halla darauf. Der „Dominikanischen Republik" waren beide immerhin eine Sondermarke wert.

Ein Mann – sein Wort

Als Feuerwehr-Chef kämpfte Karlheinz Kamieth auch gegen die deutsche Sprache an

PROVISORISCH WAR VIELES in Darmstadt nach dem Zweiten Weltkrieg, so auch die Feuerwache der Berufswehr, die, ausgebombt in der Kirchstraße, der Not gehorchend in der Bessunger Knabenschule untergebracht war und erst im Jahr 1954 ihr neues Domizil an der Bismarckstraße beziehen konnte. Nachfolger von Max Jost (1940–1954) wurde damals Karlheinz Kamieth, der zwanzig Jahre lang das Kommando über die Wehr führen sollte und fast ebenso lange mit seiner Familie in der Wache wohnte. Aber nicht nur dieses. Kamieth, ein durchaus auch humorvoller Mann, verblüffte Wachmannschaft und Besucher immer wieder einmal mit eigenen Ideen und besonderen Dienstanweisungen, die nicht immer ungeteilten Beifall fanden. So musste einst auf sein Geheiß das Schild „Diesel" an der hauseigenen Zapfsäule im Hof der Wache ausgetauscht und mit einem neu gemalten „Dieselin" ersetzt werden. Kamieths Begründung war – wenn man es genau nimmt – gar nicht mal so falsch. Carl Benz, begnadeter Konstrukteur, war Namenspatron für den Treibstoff – mit der Zusatzsilbe „in". Folgerichtig schloss Kamieth, dass der Treibstoff für die Erfindung von Rudolf Diesel, der gleichnamige Motor, der auch heute noch mit „Diesel" betankt wird, ebenfalls um die Silbe „in" erweitert werden müsse. So geschah es, den „Berufern", wie die hauptamtlichen Feuerwehrleute im Jargon genannt werden, war das egal, Hauptsache, all die Tanklöschfahrzeuge, Rüstwagen etc. waren einsatzbereit und hatten volle Tanks – in diesem Fall mit „Dieselin".

Aber auch das „Treppenhaus" nahm sich der gebildete Feuerwehrchef vor. Hieß es in einem Einsatzprotokoll, ein Brand sei im Treppenhaus entstanden oder ein solches habe als Fluchtweg für Hausbewohner gedient, kam Kamieths

Rotstift zum Einsatz. Der Feuerwehrchef definierte eine Treppe als eine Ansammlung von Stufen, womit er völlig recht hatte. Da nun, aus seiner Sicht, mehrere Stufen eine Treppe ergaben, ließ er den Plural „Treppen" nicht gelten und strich konsequent das „n" weg. Brennen oder flüchten – das funktionierte bei ihm nur im „Treppehaus". Über den Kreis seiner Untergebenen hinaus wurde der fachlich absolut hoch Qualifizierte aber durch seine umfangreichen mit Schreibmaschine getippten und dann vervielfältigten „Dienstanweisungen" nachdrücklich bekannt. In Ehren ergraute, betagte Ex-Wehrmänner geben die Inhalte heute noch gerne zum Besten. Ein Darmstädter Journalist, der vor gut fünfunddreißig Jahren ein Praktikum bei der Berufsfeuerwehr unter Kamieth absolvierte, konnte diverse Duplikate solcher „Anweisungen" in die Neuzeit retten.

Am 15. Mai 1954 wurde die „Dienst-Anordnung 13/54" in Kraft gesetzt, die unter anderem das Betreten und Verlassen der Wache regelte. „Der Verkehr zu Fuß erfolgt durch die Haupttür, doch können die Angehörigen der Direktion während der öffentlichen Sprechzeiten auch die Außentür Nord benutzen. Ein Betreten der Direktion durch die innere Verbindungstür kommt auf keinen Fall in Frage." Aber auch das Ein- und Ausfahren von Fahrzeugen wurde mit dieser Anweisung neu organisiert. „Alle zu gewöhnlichen Fahrten ausfahrenden Kraftwagen fahren zunächst auf der Hauptstraße bei der Notzentrale vor und halten dort kurz. Der Begleiter bzw. der Fahrer meldet das Fahrzeug mit Zielangabe an der Notzentrale ab. Bei der Rückkehr von Fahrzeugen wird sinngemäß in gleicher Weise verfahren." Dass diese Dienstanweisung im Falle eines Falles auch ihre zeitraubenden Tücken gehabt hätte, erkannte der Feuerwehrchef scharfsinnig und notierte hinzu: „Zu Alarmen ausfahrende Kraftfahrzeuge brauchen sich, sofern das Ausrücken unmittelbar nach der Alarmierung erfolgt, nicht abzumelden."

Die „Dienstanweisung zum Behandeln der Rollläden" vom 26. Januar 1964 hatte sich die Wachebesatzung selbst zuzuschreiben. Wie erwähnt, wohnte der Chef im Wachgebäude, das mit diversen uralten und mächtigen Rollläden ausgestattet ist. Je nach Art und Weise des Herunterlassens geht dies mehr oder weniger geräuschvoll von-

Brandschutzdirektion   Darmstadt, 19. 9. 1959.
    2b-....   Km./Adt.

Betr.: Schulung,
       hier: Leibesübungen.

        D i e n s t a n o r d n u n g Nr. 18/1959.

Am Montag dem 21.9.1959 wird mit der Durchführung der dienst=
lichen Körperschulung begonnen, um die Verpflichtung jedes ein=
zelnen Fw.-Beamten, seinen Körper für die Erfüllung der Dienst=
aufgaben jederzeit voll verwendungsfähig zu erhalten, auch
dienstlich zu unterstützen. Daher wird erwartet, daß die Beamten=
schaft diese Betätigungsart so weit möglich ausnutzt.

Die Beamten bis zum vollendeten 40.Lebensjahr sind verpflichtet,
an den Leibesübungen uneingeschränkt teilzunehmen; die Beamten
zwischen dem 40. und dem 50.Lebensjahr (vollendet) haben im
eingeschränkten Maße teilzunehmen. Beamte dieser beiden Alters=
stufen, denen eine Teilnahme nicht möglich erscheint, melden dies
sofort schriftlich auf dem Dienstwege unter Angabe der Gründe.
Den Beamten, die älter als 50 Jahre sind, ist die Teilnahme am
(eingeschränkten) Sport freigestellt - auch fallweise.

Die Leibesübungen werden (in jeder Wachabteilung) zunächst wö=
chentlich in einer Stunde durchgeführt, und zwar an den ersten
4 Tagen jeder Woche von 16oo bis 17oo Uhr wahlweise - je nach
Wetterlage. Die beiden ersten Wochetage haben dabei den Vorrang,
die beiden anderen sind Ausweichtage.

Die Beamten der Stufe bis zum 40.Lebensjahr tragen bei den Leibes=
übungen die dienstliche Sportkleidung, die in der 10-mim-Pause
vor dem Beginn des Sportdienstes anstelle der Unterwäsche anzu=
ziehen ist. Die Alarmdienst-Bekleidung wird von ihnen nach Anord=
nung des Sportleiters am Rande des Sportfeldes bereitgelegt
derart, daß die Hosen über den Schaftstiefeln herabgelassen sind
und daß Rock und Mütze auf einem Stuhl liegen, den jeder zum
Antreten mitzubringen hat. Den übrigen (älteren) Beamten ist das
Anlegen der Sportkleidung (fallweise) freigestellt. Tun sie es,
verhalten sie sich wie vorher beschrieben.

Zweck des dienstlichen Sportes ist nicht die Erzielung von
Höchstleistungen, sondern eine weitgehende Breitenschulung, um
die körperliche Beweglichkeit und Leistungsfähigkeit, vor allem
hinsichtlich des Ertragens von Dauer-Beanspruchungen, zu heben
und zu erhalten. Aus diesem Grunde können interessierte Beamte
auch außerhalb der eigentlichen eingeteilten Dienstzeit Sport
auf dem Sportplatz (nur auf diesem!) treiben.

Daß die körperliche Bewegung in leichter Kleidung an der frischen
Luft auch zur Gesunderhaltung beiträgt, sei abschließend der
Vollständigkeit halber erwähnt.

Die Beamten, welche am Sport nicht teilnehmen, versehen während=
dessen - ohne Unterbrechung als Fortsetzung des vorherigen
Arbeitsdienstes - Arbeitsdienst.

Verteiler: gez. Kamieth,
Ch.   FmZ.   ⸱   Brandrat.
AtMn.Schr.   2b
Dn.   Hw.   Ergänzung siehe Rückseite -->

Im September 1959 erschien die „Dienstanordnung 18/ 1959".

41

statten. So mancher mit dem Herunterlassen Beauftragte machte am späten Abend ordentlich Lärm, um damit den Dienststellenleiter in seiner Wohnung zu ärgern. Amtlich wurde nun angeordnet:

„Das Bewegen der Läden hat sanft zu geschehen. Ruckartige Bewegungen sind untersagt. An den Endstellungen sind die Läden weich anschlagen oder aufsetzen zu lassen – soweit überhaupt erforderlich. Die Gurte sind nur in der Flucht ihrer Führung zu bewegen. Das Gleitenlassen durch die Hände unter Zug ist ebenfalls streng verboten. Ablassen: Nach Erreichen der Endstellung durch das Fußholz ist das Ablassen so weit fortzusetzen, bis alle Stäbe aufsitzen. Nur während der Nacht, d.h. nach dem Verlassen des Zimmers ist zulässig, dass der Laden so weit aufgehängt wird, dass die Luftspalten zwischen den Stäben offen sind – zum Lüften. In solchem Fall muss aber auch das Fenster geöffnet sein und bleiben."

Wer heute vor der Fahrzeughalle der Berufswehr steht und nach links schaut, wird dort einige stets heruntergelassene, vom Zahn der Zeit angenagte hellgraue Rollläden sehen. Denkbar, dass hier noch nach Jahrzehnten die „Dienstanweisung zum Herunterlassen" Gültigkeit hat.

Das „Maschinengewehr Gottes" und seine Darmstädter Wurzeln

In einem Hinterhof versteckt sich das Sekretariat von Pater Leppich

FELDBERGSTRASSE 32, nur wenige Meter von der kroatischen Mission, von Namensschildern, die auf Patres hinweisen, ein Weiteres: Sekretariat Pater Leppich. Es riecht nach Bohnerwachs in dem Altbau, unter der Dachschräge gibt es mehrere Büroräume, es ist still hier – und nur montags geöffnet. Das ist viermal im Monat der Tag, an dem Anton Juli, jetzt 86 Jahre alt, in Offenbach die Bahn besteigt, um dann in Darmstadt die Sekretariatstür für eventuelle Besucher oder Anrufer offen zu halten. Eigentlich Buchhalter bei der Missionsprokur, geriet er – ohne es zu wollen – für gute sieben Jahre in den Bann des charismatischen Jesuiten, den mit Darmstadt einiges verbindet. Die Stadt war einst der Dienstsitz des Predigers, hier verbrachte er einen Teil seines Ruhestandes, in Darmstadt gründete Leppich die „Action 365", und vor der „Runden Kirche" auf der Anhöhe der Wilhelminenstraße erklomm Leppich einst seinen damals berühmten Laut-

Ein letzter Blick ins Manuskript, bevor der kämpferische Pater Leppich das Dach seines Opel-Blitz als Podium nutzte.

sprecherwagen Marke „Opel-Blitz", um die Darmstädter zu missionieren. Man kann auch sagen, um dem dicht gedrängten Publikum die Leviten zu lesen.

Leppich, im April 1915 in Ratibor geboren, eines von sechs Kindern eines Zuchthausaufsehers, wuchs in ärmlicher Umgebung auf. Schon als Schuljunge mit lockerem Zungenschlag präsent und auffällig, schickte ihn sein Religionslehrer offenbar entnervt zu den Jesuiten. Leppich trat mit gut zwanzig Jahren in den Jesuitenorden ein, absolvierte, kurz unterbrochen von Kriegsdienst, ein zehnjähriges Studium, 1946 zog es ihn nach Westdeutschland. Dass der Sitz seines damals „Apostolat Pater Leppich" genannten Werkes für eine ganze Weile Darmstadt wurde, dass er auch, kränkelnd und ruhiger geworden, die Siebziger- und Achtzigerjahre in Darmstadt verbrachte, bevor er in das Jesuitenkolleg nach Münster zog, hatte nicht unbedingt seinem Willen entsprochen. Der stürmische Wanderprediger wurde eher, so erinnern sich Zeitgenossen,

So kannte man den hageren Mann in der Soutane – vom Dach seines „Opel-Blitz" inklusive Lautsprecheranlage verkündete er lauthals, was er den Menschen zu sagen hatte. Nicht immer nur das Wort Gottes.

vom Orden samt Büro nach Darmstadt delegiert, nicht zuletzt deshalb, weil man diesen rhetorischen Wirbelsturm nicht so sehr im Zentrum jesuitischer Aktivitäten sehen wollte.

Was aber für Leppich nicht bedeutete, nun Darmstadt ewig treu zu bleiben. „Was sitzen Sie hier im Büro herum, kommen Sie raus mit mir", forderte er einst den Missionsbuchhalter Anton Juli auf, der fortan „Manager" von Leppich war, der schon vor Jahrzehnten auf zeitgemäße Begriffe Wert legte. Juli erzählt von den dicht gedrängten Menschenmassen, die dem hageren Mann in der langen schwarzen Soutane lauschten. „Ich will nicht nur eure Geldbörsen ritzen, auch eure Herzen", rief Leppich den Massen zu. Es war sein Credo, öffentlich aufzutreten, sich auch Feinde zu schaffen, denn Leppich war nicht zimperlich in seiner Wortwahl. Der Jesuit nahm sich einzelne Berufsgruppen vor, mal Unternehmer, mal Redakteure, denen er ins Stammbuch schrieb: „Ihr sitzt in geheizten Büros und schreibt vom Elend der Armen in den Baracken, schamloses Pack, das mir in die Nasenlöcher das Blitzlicht hält, um das Bild einer nackten Diva danebenzusetzen." Die Begeisterung der solcherart angesprochenen Mitmenschen hielt sich dann natürlich in Grenzen.

Nach einer Großveranstaltung wandte er sich an „Manager" Juli: „Da, wo es nach Weihrauch riecht, gehen die Menschen nicht hin, deshalb müssen wir auf die Plätze des Landes." Leppich wetterte gegen Sexualität und Kommunismus, gegen Kapitalismus, gegen „religiöse Blindschleichen" oder „den Münchener Rosinen-Katholizismus." Der Mann ließ keinen aus. Kenner schätzen, dass der Pater mit öffentlichen Auftritten und Fernsehpräsenz in seiner Zeit rund 25 Millionen Menschen erreicht hat. Leppich, der es mit den großen Rednern der Antike hätte aufnehmen können, bezeichnete sich als „religiösen Tauchsieder, der in dieses eiskalte Jahrhundert gesteckt werden müsse", bezeichnete Zuhörer auch schon mal als „Schweinehunde." Dass er mit siebzehn begeisterter Anhänger der Hitler-

Dass der später so berühmte Pater auch Hitlerjunge war, verschwieg er nicht, machte aber auch kein Aufheben daraus.

jugend gewesen war, stellte er nicht sonderlich heraus, verheimlichte es aber auch nicht.

Von den Jesuiten in klassischer Redekunst ausgebildet und gefördert, machte Leppich schon als junger Priester Karriere, wurde erster Pfarrer im damaligen „Lager Friedland", Anfang der Fünfzigerjahre mit seinen Straßenpredigten, bei denen er sich die „Spätheimkehrer Gottes" vornahm. Er hat die Slums dieser Welt bereist, die ihn tief beeindruckt haben, seine Erlebnisse danach zu Papier gebracht. Der Mann, der seinen Orden schon mal als „die SS des Papstes" bezeichnete, importierte die Idee der Telefonseelsorge nach Deutschland, gleichzeitig fand er Sympathie für den Diktator Franco, was so manchen seiner Anhänger verwirrte. Anfang der Sechzigerjahre verblasste die kirchliche Legende, Leppich brachte Hörkassetten heraus, nachdem vorher Schallplatten mit Leppich-Wortgut reißenden Absatz gefunden hatten. Diverse Bücher stammen aus seiner Feder: Christus auf der Reeperbahn, Atheisten-Brevier, Mit Glaubensglut und Feuereifer, Gott zwischen Götzen und Genossen.

Sie stehen im „Sekretariat Pater Leppich", getreu von Anton Juli verwaltet, im Regal.

Wie auch Leppichs kleines grünes Heft mit dem Titel „Aus meiner Arbeit." Gedruckt in der Herbert'schen Druckerei in Darmstadt. Obwohl in Darmstadt wie in der Republik längst in Vergessenheit geraten, schrieb „Die Welt" 1989 über den Betagten, er sei einer der wortgewaltigsten und

Wenn er nicht geredet hat, hat er geschrieben. Leppich-Werke ruhen im Regalschrank des „Sekretariats Pater Leppich" in der Darmstädter Feldbergstraße.

populärsten Prediger unserer Zeit gewesen. Wer heute in Deutschland ein Hotelzimmer bucht, auf oder im Nachttisch eine Bibel findet, kommt kaum auf die Idee, wieso dies zur Norm geworden ist. Pate stand einst dafür Rhetoriker und Polemiker Leppich. Die von ihm gegründete „Action 365" vergisst auch in ihrer modernen Internetpräsenz den Gründer nicht, ist nach wie vor national und international tätig und hält somit auch die Erinnerung an einen fürwahr streitbaren Geist am Leben, den Josef Kardinal Frings 1964 so beschrieb: „Ich habe eine gewisse Angst vor Leuten, die alle ihre Ware ins Schaufenster stellen; am Ende ist der Laden selbst leer."

Von Dabbefang und Illwetrittscher

Wie Bürgerstammtische einst das Jägerlatein kultivierten

WAS „DABBE" SIND oder „Illwetrittscher" weiß heute kaum noch jemand in Darmstadt. Ältere ja, Jüngere eher nein. Es mag damit zu tun haben, dass die Hochsprache, sofern der Darmstädter sie hinbekommt, altehrwürdige Tiernamen dieser Art in Vergessenheit hat geraten lassen. Denkbar ist, dass beide erwähnten Spezies mit dem häufig in bayrischen Landen vorkommenden „Wolpertinger" zu tun haben, sogar übers Eck mit ihm verwandt sein könnten. Während heutzutage in südhessischen Waldungen mal ein rarer Marderhund auftaucht oder eine echte Wildkatze, ist es denkbar, dass Dabbe und Ilwetrittscher völlig ausgestorben sind – wobei es Hinweise darauf gibt, dass die beiden Namen ein und demselben tagaktiven Erdbewohner zuzuordnen sind. In so mancher Darmstädter Stammtischrunde wurde früher allen Ernstes über den Fang der mardergroßen Tiere diskutiert, jeder gab seinen Senf hinzu und wer ungläubig dreinschaute, wurde so lange verbal geknechtet, bis er kurz davor war, mit einem Kundigen mitten in der Nacht in den Stadtwald zu ziehen, um die Probe aufs Exempel zu machen. Ohne entsprechende Zutaten allerdings lässt sich der ungenießbare Dabbe weder anlocken noch fangen. Man benötigt für den jagdlichen Erfolg ein mitteldickes Stöckchen, eine stabile Astgabel, einen Jutesack, einen festen Strick, eine hell leuchtende Lampe und einen unerschrockenen Helfer.

Dann macht man sich auf die Suche nach dem typischen Erdloch, dem Schlupfloch des Dabbe, der einige Zentimeter darunter sein bequem ausgepolstertes Nest hat. Dort verbringt er die Nacht im Tiefschlaf. Fällt der erste Sonnenstrahl auf ihn durch das Schlupfloch, erwacht er und startet seinen kulinarischen Ausflug in die Umgebung. Überlistet wird er nun, indem man in ziemlicher Dunkelheit mit dem erwähnten kurzen, festen Stöckchen das

Schlupfloch vorsichtig etwas erweitert, gleichzeitig wird im Abstand von zirka fünfzig Zentimetern die Astgabel fest ins Erdreich gesteckt, die Unterseite des Jutesackes auf den Boden gelegt und die Oberseite an den beiden Enden der Astgabel aufgehängt. Während der Helfer nun Licht in das Schlupfloch fallen lässt, der Dabbe in der irrigen Annahme, es sei bereits heller Tag erwacht, muss der zweite Mann sich hinter dem aufgespannten Sack mit dem Strick in der Hand postieren. Sowie der Kopf des Dabbe neugierig aus dem Loch hervorkommt, zieht man die Lampe und somit die Hclligkeit in Richtung des Sackes – der Dabbe folgt dem Licht, das nun hinter dem Ende des Sacks postiert wird, läuft in ihn hinein – in diesem Moment wird die Astgabel umgetreten, der Sack fällt in sich zusammen, wird rasch gepackt und mit dem Strick verschnürt. Der Dabbefang ist geglückt, der Dabbe stellt fest, dass er hereingelegt wurde und beginnt sein Klagelied, das ähnlich traurig wie das Miauen einer Katze in Not klingt. Man begutachtet den Fang durch Hochheben des Sackes gegen das Licht, löscht dieses dann, öffnet den Sack – und lässt den Dabbe, es kann auch ein Illwetrittscher sein, wieder zurück in seine kleine, kuschelige Höhle. Nur selten wurde erzählt, dass ein Dabbe getötet, abgezogen und gar verspeist worden wäre, obwohl er in keinem Jagdbrevier oder Naturkundebuch namentlich genannt und somit offenbar nicht geschützt ist. Das Dialektwort für „Fußabdruck" heißt im Darmstädtischen übrigens noch immer „Dabbe", wer es ab und an nutzt, erinnert, meist ohne es zu ahnen, an die klassische Fangmethode und ein im Stadtwald lange nicht mehr gesichtetes Lebewesen. Das, wie beschrieben, auch ein „Illwetrittscher" sein konnte. Interessant auch hier, dass die mittleren Wortsilben einen Tritt oder einen kleinen Tritt, im Dialekt also ein „Trittsche", wiederum mit „Dabbe", also Fußabdruck, korrespondieren. Manchem, der von erfolgreichem Dabbefang berichtete, wurde übrigens unterstellt, er habe einen „Dubbe". Womit kein Tier gemeint ist, sondern eine geistige Fehlschaltung.

Ein Meenzer Bub wird Darmstädter

Walter Naß prägte die Kunstszene mit Skurrilitäten

DREIUNDZWANZIG JAHRE war er alt, der nicht sonderlich große, kräftige Mann mit der schwarzen Haartolle, der 1950, von der Mainzer Kunstschule kommend, Lehre und Leben mit der Werkkunstschule Darmstadt tauschte, sich erst in der Gervinus-, dann in der Wolfskehlstraße ein Atelier einrichtete. In Letzterem sollte er später mit Frau und Kind – eher provisorisch – auch seine Darmstädter Zeit verbringen. Ateliers gab es aber auch vorher noch

So kannten ihn die Darmstädter. Als einen lustigen Mann, zupackend hier in Hemdsärmeln abgebildet, mit der unvermeidlichen Haartolle.

in der Moosbergstraße oder auf dem Darmstädter Musenhügel am Olbrichweg.

Naß, ein durchaus geselliger Mensch, deutlich vom Mainzer Humor geprägt, war schon ein bisschen Bonvivant. Zwar musste er zusehen, an öffentliche und private Aufträge zu gelangen, er kam ja von der Baukeramik, andererseits lockte schon bald die Kollegenrunde im frisch etablierten Keller-Klub unter dem Darmstädter Schloss, einem damals fast reinen Künstlertreff, wo Naß gerne einen Schoppen zu sich nahm. Auch zwei. Naß malte, Naß zeichnete in Tusche, Naß modellierte in Ton oder Zinn, war ein begnadeter Keramiker, der sich mit lockerer Hand und viel Esprit jegliches Material unterwarf. Letzten Endes in ganz Darmstadt bekannt gemacht haben ihn mit flottem Strich hingeworfene Nackte, gerne Frauen, oft aber auch Paare, die – selbst ein Schmunzeln im Gesicht

Typische Naß-Werke, selbst ein Schmunzeln im Gesicht, brachten sie stets auch die Betrachter zu solchen Reaktionen.

51

– Betrachter und bald auch Käufer ebenso zum Schmunzeln brachten.

Naß war unbestritten ein großer Künstler, namhafte Kritiker haben ihm das immer wieder bestätigt. Darmstädter allerdings, die seine „Blättchen", meist Tusche-Originale, erstanden, wussten nicht so recht, wohin mit so viel fröhlicher Nacktheit – so landete mancher „Naß" auf dem stillen Örtchen oder, etwas verschämt, in einem Dielenwinkel. In den Sechziger- und Siebzigerjahren gehörte es in bestimmten Kreis fast schon zum guten Ton, dass man „seinen Naß" besaß. Gekonnt beschritten seine Nackten den schmalen Grat zwischen Karikatur und Satire, heitere Bildchen in völlig unterschiedlichen Formaten, denen bald Bronzegüsse folgten. Auch bei denen dominierte der Frauenakt, typisch für Naß, dass seine Damen stets alles zeigten, aber nie erotisch daherkamen. Was wiederum für Käuferschichten den Vorteil hatte, dass man, ohne sich zu schämen, eine Naß-Plastik ins Wohnzimmer – oder wie der damalige Chef des Darmstädter Bauvereins

Transportarbeit anno dazumal – Roswitha von Blumenthal und Walter Naß bringen Keramikkacheln von einem Ort zum anderen – im Bollerwagen.

auf den Schreibtisch – stellen konnte, ohne dass jemand Anstoß nahm. Wer den quirligen, stets lässig gekleideten und häufig mit Gipsspuren beträufelten Künstler im Atelier besuchte, wurde schon mal ultimativ aufgefordert, aus einem mehr oder weniger nahen Supermarkt einen Schoppen Rotwein zu besorgen, agierte Naß doch meistens hart am Rand des Existenzminimums.

Typisch für Naß, dass er trotzdem mit seiner Lebensgefährtin, der Malerin Roswitha von Blumenthal, unter die Hausbesitzer ging. Die Fluchtburg der Darmstädter Künstler und Literaten, das einsame, teils verlassene Bergdörfchen Mirabel, nicht weit weg von der romantischen Ardeche in Südfrankreich, zog auch ihn an. Die Familie wurde Besitzer des „Petit Chateau", einem engen, aus Bruchsteinen erbauten schmalen Häuslein, das gerade mal aus zwei Zimmern bestand. Geschäftstüchtig sei er nie gewesen, erinnert sich das Traisaer Galeristen-Ehepaar Lattemann, das nicht nur das Naß'sche Erbe verwaltet und auf eine bedeutende Anzahl gemalter wie gegossener Naß-Exemplare zurückgreifen kann. Wie viele andere haben die Lattemanns immer mal wieder mit angepackt, wenn Walter klamm war. Wie viele Künstler vor und nach ihm besaß er keinerlei Verkaufstalent, warb nicht für sich, machte einen Bogen um Ausstellungen, ohne dabei die Öffentlichkeit zu scheuen. Wer ihn zu Gast hatte, konnte sich auf intelligente Gespräche, einen gewissen Sarkasmus und eine große Portion Humor verlassen. Eine der Spezialitäten des Meisters war zur Weihnachtszeit der leibhaftige Verzehr kompletter Christbaumkerzen. Eine treffende Charakterisierung des Rastlosen stammt aus der Feder des Schriftstellers Peter Laregh: „Walter Naß ist eine Aladintype, der die Wunderlampe abhanden gekommen ist."

Auch die geistigen Aufbrüche in neue, tolerantere Zeiten, die durch die 68er ausgelöst wurden, sollten Naß-Verkaufshandlungen nicht nach vorne bringen. Der etablierte Bürger konnte mit all den Nacktheiten nichts anfangen, distanzierte sich. Der hehre Kunstbetrieb ehrte den Künstler zwar durch die Aufnahme in die renommierte „Darmstädter Sezession", doch er blieb seinem faunenhaften Oeuvre treu. Als er gar eine Frauenplastik mit teils geöffnetem Oberkörper modellierte, die Öffnung gab einen Blick frei auf Zahnräder, die Naß aus alten Uhren ausgebaut hatte, um so zu zeigen, „wie Frau tickt", rückten konservative Geister ganz von ihm ab.

Rezensent Max Peter Maass notierte dann auch in den Siebzigern: „Da präsentiert sich mehr als nur eine vergnügliche Tangente zum sauertöpfigen Kreis unserer ach so verbitterten Gegenwart ... Freuen wir uns an Walter Naß." Walter Naß starb 1986. Wer auf seinen beachtlichen Spuren wandeln mag, dem bietet die „Galerie Lattemann" nicht nur zu den regulären Öffnungszeiten umfassende Möglichkeiten.

Nicht jedermanns Sache, dieser Inneneinblick in „Frau". Kunstfreunde waren von der Idee begeistert, Konservative eher nicht.

Spottverse auf Straßennamen

Darmstadts ureigene Regeln verblüffen so manchen

ALS IN DEN ACHTZIGERJAHREN Kabarettbegeisterte in Darmstadt die „Heimleuchter" gründeten zog die Truppe um Irene Harres, Ingrid Reinhardt, Frank Sabais, Bert Hammelmann, Hermann Matthes und andere viel, vor allem Darmstädter Publikum an. Zur Programmphilosophie der „Heimleuchter" gehörte stets ein Mix aus Regionalem und Nationalem, bei dem auch der Darmstädter Zungenschlag nicht zu kurz kam. Eine der ersten Darmstadt-Nummern der Truppe befasste sich mit einem Umstand, der heute noch aktuell ist – mit dem Standort der Darmstädter Schulen und den dazugehörigen Straßennamen.

Aus Gründen, die niemand nachvollziehen kann, befindet sich nach wie vor die Goetheschule in der Viktoriastraße, die Viktoriaschule in der Hochstraße, die Justus-Liebig-Schule in der Julius-Reiber-Straße aber immerhin noch in der Nähe der Liebigstraße – das Liebigdenkmal allerdings steht auf dem Luisenplatz. Das Ludwig-Georgs-Gymnasium residiert an der Nieder-Ramstädter-Straße und die Edith-Stein-Schule in der Seekatzstraße, wobei sie am Edith-Stein-Weg vom Namen her besser aufgehoben wäre. In der Adelungstraße ist die Bernhard-Adelung-Schule nicht zu finden, dafür in der Vogelsbergstraße, die Gutenbergschule hat mit der Gutenbergstraße nichts am Hut und die Mornewegschule in der Hermannstraße findet sich drei Kilometer von der Mornewegstraße entfernt, dafür aber gibt es dort die Erasmus-Kittler-Schule, die sich die Distanz zur Kittlerstraße mit der Mornewegschule teilen kann. Was Wunder, dass die Niebergallschule im gleichnamigen Weg nicht zu finden ist und die Wilhelm-Leuschner-Schule mit der gleichnamigen Straße nichts zu tun haben will.

Ein feines Alleinstellungsmerkmal aber haben zwei andere Schulen, sie durchbrechen die ungeschriebene Straßennamen-Chaos-Regel: Im Wilhelm-Busch-Weg residiert die gleichnamige Schule und teilt sich mit dem Schulzentrum Marienhöhe „Auf der Marienhöhe" den ersten Platz. Die Freude über so viel Namensgleichheit wird aber gleich wieder gedämpft, sucht man in der Schulstraße nach einer Schule. Dafür aber führt sie zum Ludwigsplatz, auf dem das Bismarck-Denkmal steht statt an der Bismarckstraße, der „Lange Ludwig" aber, berühmtes Darmstädter Symbol, steht nicht auf dem Ludwigs- sondern dem Luisenplatz. Dass der „Schwarzwaldring" nur unter verschärften geografischen Umständen Richtung Schwarzwald verläuft, muss bei Betrachtung der Gesamtlage mit Gleichmut hingenommen werden. Das gilt auch für den „Hahne-Schorsch-Platz", der keineswegs dort zu finden ist, wo das Darmstädter Original arbeitete und lebte – der „Schorsch" war am „Schlossgartenplatz" zu Hause, und der liegt am „Herrngarten".

Papa Behrend und sein „Knusperhäuschen"

Eine Bretterbude ist die „gut Stubb" der Darmstädter

NICHT EINFACH für den Autor, auf den Spuren des auch ihm vertrauten Chefs des „Knusperhäuschens" in der Dreibrunnenstraße, einen Steinwurf vom „Woog" entfernt, zu wandeln. Auch Stammgäste sind sich nicht sicher, ob die Betreiberfamilie nun „Behrend" oder „Behrendts" oder gar „Bärenz" hieß – sicher aber sind sich lokale Patrioten wie der Darmstädter Jazzfreund Hagen Mathy oder der stadtbekannte Fotograf Werner Kumpf sowie der ehemalige Bauvereinschef Heinz Reinhard, dass die Lokalität genau wie der Chef von besonderer Originalität war. Denn die bestand aus zwei Gebäuden, einmal einem hölzernen Provisorium, das sich an eine alte Klinkermauer lehnte, und fünfzehn Meter weiter die ebenfalls in einem Klinkerbau untergebrachte Küche, was dem geneigten Leser schon verdeutlicht, dass – welches Essen auch immer – bei Wind und Wetter, Sonne und Regen über den offenen Hof ins Lokal transportiert werden musste. Das wiederum bestand aus zwei Teilen, dem „Lokal" an sich und einem angegliederten Raum mit einer großen rechtwinkligen Sitzbank, die mit Kissen ausstaffiert und etwas schwer zu erobern war. Das war laut Betreiber „der Salon".

Zwischen diesem und dem zweiten Raum gab es eine kleine Theke, an der der kahlköpfige ältere Herr mit dem leicht gebückten Gang hantierte. Er sah sein Lokal als Weinstube, in der allerhand prominente Darmstädter verkehrten, darunter auch die Schriftstellerin Gabriele Wohmann und der Maler Pierre Kröger. Sie orderten in der Regel Wein, den eher trockenen Hauswein „von Wöllm", der vom Patron mit dem stets gleichen verbalen Ritual „ein von Wöllm, bitte-gell" serviert wurde.

Biertrinker mussten kleine Ewigkeiten warten, bis sie zur Kenntnis genommen wurden. Wie viele andere Gäste auch erzählt Werner Kumpf heute: „Wenn wir zum Essen hin sind, haben wir einen getrunken, dann bestellt, dann sind wir in die Schulstraße ins ‚City-Kino' gegangen und als wir zurück waren, kam das Essen." Ein Gerüchte-Klassiker in Darmstadt, an dem aber einiges dran war. Fürwahr dauerte die Zubereitung von Schnitzeln mit Bratkartoffeln Ewigkeiten, dann stand ja auch noch der Transport quer über den Hof auf dem Plan. Das südhessische Nationalgericht wurde vom hinter seinem Rücken „Papa" genannten Wirt vornehm als „Ihr Handkäse mit Orchester, bitte-gell" an Frau und Mann gebracht.

Zu den Stammgästen gehörte neben Jacob König, dem Inhaber von „Bilder-König", einer stadtbekannten Kunsthandlung, auch dessen Freund Karl Karhof, dessen Familie seit Ewigkeiten ein Bestattungsinstitut in der nahen Merckstraße betreibt. Über Letzteren hat der „Papa" diese Geschichte erzählt, übrigens stets auf Hochdeutsch, denn der Wirt gab sich als vornehmer und intellektueller Mann:

„Eines Tages vor einiger Zeit hat sich eine Dame im Salon platziert und einen Wein bestellt. Als ich nach einiger Zeit nach ihrem Befinden fragen wollte, gab die Dame keine Antwort. Ich stellte umgehend fest, dass sie verblichen war, orderte einen Arzt, der das bestätigte und der mich dann ersuchte, den Abtransport in die Wege zu leiten. Es war ein schöner Sommertag und das Gartenlokal war voll besetzt. Nun bat ich meinen Freund Karl Karhof, die Einsargung so vorzunehmen, dass er mit seinem Assistenten durch das hintere kleine Gartentürchen hereinkommt, um kein großes Aufsehen zu erregen. Was soll ich Ihnen sagen, Karl Karhof und sein Helfer kamen hier vorne durch das große Gittertor herein mitsamt dem Sarg, eine außerordentlich peinliche Situation, nachdem es ja anders vereinbart war. Und nach der Einsargung haben sie das Lokal auf dem gleichen Weg verlassen, was meine Beziehung zu Karl stark beeinflusst hat." Der Chef des Hauses, Freund diverser, von ihm selbst erzählter, wohl auch erd-

achter Skurrilitäten, erzählte auch dieses: „Gerade gestern hat hier im Lokal ein Röntgenarzt Platz genommen, der sehr verblüfft war, als ich ihn ansprach und fragte, ob er Röntgenarzt sei. Er bejahte dies und wollte von mir wissen, wie ich darauf gekommen sei. Nun, er trug eine Brille mit leicht blau eingefärbten Gläsern. Diese Brillen tragen alle Röntgenärzte, um ihre Augen vor den Strahlen zu schützen. Das sagte ich ihm und das Rätsel war gelöst."
Der Hausherr konnte aber auch ganz schön knackig sein. Als der spätere Vorsitzende des „Karnevalvereins Orpheum", Heinz Büsching, einmal entnervt wegen der ewigen Warterei auf sein bestelltes Essen einen schrillen Pfiff im Lokal losließ, verwies ihn der Wirt in die Schranken: „Unterlassen Sie sofort das Pfeifen, ich bin doch kein Hund, bitte-gell." Und Kröger, allseits bekannter Maler, bekam auch sein Fett weg. In einem kleinen Brevier, zu dem Gabriele Wohmann die Texte geliefert hatte, wurde auch das „Knusperhäuschen" verewigt. Kröger aquarellierte, sicher nicht in böser Absicht, den Wein reichenden Wirt. Allerdings befand sich einer seiner Finger nicht am, sondern im Glas, was Kröger prompt eine große Portion Lokalverbot einbrachte.
Zwischen 1955 und dem Ende der Sechzigerjahre war das durchaus originelle Lokal mit seinem noch originelleren Wirt, der stets zu einer dunkelgrauen Hose ein hellgraues Jackett trug und sich zum Gang über den Hof eine sogenannte „Batschkapp" aufsetzte, durchaus populär. Werner Kumpf erinnert sich: „Als er dann wegen einer Grundstücksgeschichte den Lade zumache musst, hat's nur e paar Woche gedauert, bis er gestorbe is. Er hat sich des mit dem Auszug so zu Herze genomme, dass es des dann gewese is."

In Kürze mit Würze

Die Kultur der Spitznamen

Heinrich von Brentano, von 1955 bis 1961 Außenminister und lange Jahre Chef der CDU/CSU-Bundestagsfraktion war zwar von Geburt her ein „Offenbacher Bub", arbeitete und lebte aber lange in Darmstadt. Derlei führt in der Stadt immer wieder mal zur „Eingemeindung", denn nicht jeder „Große Sohn der Stadt" war „mit Woogswasser getauft." In der Zeit des Zweiten Weltkriegs wurde von Brentano häufig auf einen Stock gestützt gesehen, fortan nannte ihn so mancher den „Stecke-Heiner," also Heinrich, der am Stock geht.

Was den Spitznamen betrifft, war Brentano da in guter Gesellschaft, denn Wilhelm Leuschner, der 1944 von den Nazis in Berlin ermordete Gewerkschafter, Sozialdemokrat und Widerstandskämpfer, der ebenfalls lange in Darmstadt gelebt hatte, war vielen Mitbürgern auch unter dem Juxnamen „des Schirmsche" bekannt. Nach Angaben von Zeitgenossen erfreute sich Leuschner nicht bei jeder politischen Gruppierung der Sympathien, Rempeleien und Angriffe ließen ihn auch an trockenen Tagen mit einem stabilen Schirm bewaffnet durch Darmstadts Straßen ziehen, um für den Fall der Fälle gerüstet zu sein. Durchaus einprägsam waren aber auch deftige Zuordnungen wie „Sack-Müller, Lumpe-Müller, Schrott-Fischer". Auch der alte Darmstädter Name „Hotz" diente zur Belustigung. Zwei Frauen treffen sich und tauschen Neuigkeiten aus. Die eine erzählt, ihre Tochter habe einen neuen Freund namens Hotz:

„Ja, ja, mit dem Hotz isse."
„So, so, mit dem Hotz."
„Ja, mit dem Hotz hott ses."
„No, da hatt ses aa, wann'ses mit em Hotz hott."

Die eine Weile in der Darmstädter Landwehrstraße lebende Kurzwarenhändlerin Ihrig, eine nervige, übermäßig schlanke Frau, wurde von der Nachbarschaft in den Fünfzigerjahren „des Zittergräsje" genannt. Else von der Schmitt, die vor einigen Jahren verstorbene langjährige Geschäftsführerin der „Salamander"-Filiale, rangierte als „die Klapprern". Das Stakkato der von ihr gern getragenen Stöckelabsätze, das Klappern, hatte ihr diesen fast lebenslänglichen Spitznamen verpasst. Dass man aus dem Fahrradhändler Georg Hahn aus dem Martinsviertel den „Hahne-Gockel" gemacht hat, später den „Hahne-Schorsch", nachdem inzwischen sogar ein Platz benannt ist, wurde von ihm mit Humor hingenommen.

Treue Wacht unter den Marktplatz-Arkaden

Die „Brezel-Resi" war eine Darmstädter Institution

AN „LEBENDIGEN DENKMÄLERN" hat Darmstadt nicht viele zu bieten – die Zeit stadtbekannter Eckensteher ist seit den Tagen des Biedermeier eigentlich vorbei, doch eines gab es: die „Brezel-Resi." Sie hieß mit bürgerlichem Namen Hedwig Herzberger und hat gut vierzig Jahre lang allen Trends zum Trotz nichts anderes als frische, ordentlich gesalzene Laugenbrezeln feilgeboten – nicht im Laden, sondern aus dem Korb. Bei Wind und Wetter, im schneeweißen Kittel weithin sichtbar, bot die hagere „Resi" ihre Ware an. Als sie im Juli 1967 ihren Siebzigsten feierte, konnte sie auf eine lange Brezel-Karriere zurückblicken. Und nicht ahnen, dass sie vor „Coffee to go" schon topmodern „Brezeln to go" verkaufte, denn die leckere Ware schob sich ein Darmstädter stets gleich in den Mund, oft, nachdem noch kurz miteinander geplaudert wurde.

Hedwig Herzberger war die „Brezelfraa" der Darmstädter.

Angefangen hat Hedwig Herzberger mit ihrem „Geschäft" in der Ludwigstraße, später stand sie an der einstigen „Kaufhalle", und ab zirka 1939 unter den ein wenig schützenden Arkaden am Marktplatz. Der Allwetter-Job aber hatte auch Folgen, im Alter litt „die Resi" an einer schweren Bronchitis, Hitze und Kälte setzten ihr zu.

„Jetz mache mer noch zu de Brezelfraa", beschloss in all den Jahren so mancher in der Stadt. Das galt auch noch eine ganze Weile für Herzbergers Schwiegertochter, die „das Unternehmen" von Hedwig für eine Weile übernommen hatte. Heute tobt ein eifriger Brezel-Konkurrenzkampf in der Stadt und Brezeln werden nicht mehr mit der hölzernen Zange gereicht, sondern purzeln auch aus Backautomaten beim Discounter, aus denen blecherne Stimmen den Kunden informieren…

Ein Mann der Muse und ein Störenfried

Der Galerist Ludwig A. Bergsträsser wollte den Darmstädtern das „Luisencenter" ersparen

DASS ER, DER „DAS CENTER" mit allen Mitteln bekämpfte, nach dem Bau tagtäglich aus den Fenstern seiner „Darmstädter Galerie" in der oberen Luisenstraße auch noch draufschauen musste, hat dem Galeristen und Kunstfreund sicher wehgetan. Als Ende der Sechzigerjahre immer näher rückte, was die Stadtoberen beschlossen hatten, den Verkauf der großen Freifläche neben dem Luisenplatz, machte Bergsträsser mobil. Bislang war es auf dem großen Areal mit seiner nett anzuschauenden Grünanlage, mit Bänken und Büschen eher pittoresk zugegangen. Den oberen Teil des Geländes zur Wilhelminen- und Elisabethenstraße hin säumten Provisorien, rasch nach dem Krieg aufgebaute eingeschossige Ladengeschäfte mit Fassaden aus Holz und Glas, wo man Antiquitäten, Teppiche, Kunsthandwerk oder auch einen neuen Hut kaufen

Großzügig und schön grün präsentierte sich die Freifläche neben dem Luisenplatz, die nicht nur Ludwig A. Bergsträsser so erhalten wissen wollte.

konnte – einer der Mieter war Ludwig A. Bergsträsser, der mit seinen Mitteln versuchte, den Verkauf des Platzes an „Karstadt" zu verhindern und damit auch den Moloch, der die Freifläche ersetzen sollte.

Bergsträsser, bekannt als Freund und Förderer der schönen Künste, der mit frühen Ausstellungen der aufkommenden amerikanischen Pop-Art-Künstler oder mit Arbeiten von Günter Grass auf sich aufmerksam machte, aber auch die Darmstädter Malergrößen wie Peter Steinforth, Erdmann und Hoppe förderte, wetterte gegen den Verkauf und brachte 1969 das recht kritische Heftchen „Armes Darmstadt, Deine Plätze" auf den Markt – so mancher in der Stadt gab dem Kritikus recht. Bergsträsser geißelte den Zustand des zentralen Luisenplatzes, die klobigen Pavillons an der oberen Rheinstraße, den – nach wie vor wenig erbaulichen – Zustand des Friedensplatzes. Der Mann, dessen Laden steter Treff für Kunstsinnige und Plauderfreunde war, eckte mächtig bei den Oberen der Stadt an, so viel Bürgermut und Engagement waren neu. Zumindest die allgemeine Kritik an der geplanten dunkelbraunen Fassade hatte, nach langen Jahren des Disputs, eine fürwahr alte Darmstädter Tradition, Erfolg. Braun raus, weiß rein hieß es dann für viel Geld. Schwer, für Neu-Darmstädter und auch junge, sich vorzustellen, was Bergsträsser damals umtrieb. Ein bisschen besser kann man es beim Blick auf das Foto, das uns das „Merck-Archiv" zur Verfügung gestellt hat, beurteilen. Ein kleines literarisches Denkmal hat übrigens der Darmstädter Professor Heiner Knell mit dem Buch „Ludwig A. Bergsträsser und die Darmstädter Galerie: Erinnerungen eines Freundes" gesetzt.

Vom „Keller-Klub" zum „Underground"

Wie Maarten Schiemer zum Impresario wurde

WER AUF SICH HIELT und hält in der „Stadt am Woog"
zählt vielleicht zu den aktuell knapp vierhundert zah-
lenden Mitgliedern des einst legendären „Keller-Klubs",
der seit Jahrzehnten in einem romantischen Tonnenge-
wölbe unterhalb des Darmstädter Residenzschlosses seine Heimat hat. Früher Schriftstellern, Theaterleuten und
bildenden Künstlern weitgehend vorbehalten, lockte „der
Keller", wie ihn Eingeweihte kurz nennen, einst auch
den jungen Schriftsteller Maarten Schiemer. Den mit-
telgroßen, schlanken Mann Mitte dreißig, der häufig im
bekannten „Kulturschwarz" des Weges kam, hatten die
Straßen des Lebens in die Stadt seiner Vorfahren geleitet. Im „Keller" konnte man trefflich über Literatur und
Theater, über Kunst und Können mit Gleichgesinnten de-
battieren. Schiemer freundete sich mit den Malern Pierre
Kröger und Peter Steinforth an, der chinesische Wirt Ga-
zai reichte Irish Stew oder ein Reisgericht mit Hühnchen,
meist ward die Nacht zum Tage. Hier fand der weitge-
reiste Schiemer, ohnehin ein Weltenbürger, Freunde und
Mit-Debattierer, die ihn oft genug mit neugierigen Fragen
in Sachen Lebensumständen bombardierten. Schiemer, in
Bandung in Indonesien geboren, in Südafrika aufgewachsen, in Wien, Kairo und Paris sesshaft gewesen, zwischen-
drin Dschungeljäger in Belgisch-Kongo, Chemiearbeiter,
Lohnschreiber für eine Presseagentur, stets kritischer
und damit für manchen unbequemer Geist, hatte viel zu
erzählen. Er konnte, wenn es galt, die eigene Meinung zu
vertreten, zum Berserker werden, Minuten später aber
auch wieder zum bescheidenen Zuhörer. Bestseller waren
seine Bücher, darunter „Treffpunkt Schwarzspanier" oder
„The cry of the kite" nie geworden, aber dass der Mann mit
den beeindruckenden schwarzen Augen und ebensolchem
Haar auch ein Überlebenskünstler war, zeigte sich immer

wieder an seinen diversen Jobs. So führte Schiemer die englische Ausgabe des „Playboy-Magazins" in Deutschland ein oder verdingte sich auch mal als Bühnenarbeiter beim Staatstheater in Darmstadt. Dass er aber auch Impresario werden sollte, das hat mit einem lauten Streit zu tun und damit, dass Schiemer an einem Denkmal rüttelte, das eigentlich keines war.

Pit Ludwig, zwar nur gewähltes Vorstandsmitglied, aber auch selbst ernannter „Präsident" des eingetragenen Vereins, herrschte eitel über „den Keller" und seine Mitglieder. Nach scharfen Auswahlkriterien und der Stellung zweier honoriger Bürgen konnte man, wenn der Vorstand es abnickte, Mitglied werden. Vorteil dabei: Über Jahrzehnte gab sich eine künstlerisch-homogene Gästeschicht die Kellertür in die Hand. Der quirlige Fotograf Ludwig mit der ewigen Baskenmütze auf dem Haupt und dem großen Schnauzbart war zwar bekennender Frankophiler, doch was die Musikbeschallung im Keller-Klub anging, eher bieder gesonnen. Und die Musik ging Schiemer massiv auf den Geist. Während aus der antiquierten Beschallungsanlage deutsche Schlager der Sechzigerjahre tönten, las Schiemer Pit Ludwig die Leviten, verlangte nach zeitgemäßer, moderner Musik, die einem Künstlertreff wohl eher angebracht sei als konservatives Gedudel. Dies in jenem Jahr, als der Ruf laut wurde: „Unter den Talaren ist der Muff von tausend Jahren." Als Ludwig etwas stur einige Wochen nach dieser Diskussion eine ebenfalls konservatives Liedgut vortragende Live-Gruppe im Keller präsentierte, rastete Schiemer aus. Er besetzte mit Gleichgesinnten die kleine Bühne – und bekam einen Riesenkrach mit dem „Präsidenten", der ihm unter anderem unter die Nase rieb, wenn es ihm „im Keller" nicht passe, so möge er doch einen eigenen aufmachen.

Gesagt, getan. Ein paar Monate danach, im April des berühmten Jahres 68, eröffnete Schiemer in der Wilhelm-Leuschner-Straße den „Underground". Den uralten Weinkeller, in den eine gefährlich steile Treppe hinabführte, hatte ihm die Besitzerin des dazugehörigen Vorderhauses günstig vermietet. Neben dem Eingang zum Kellergewölbe residierte der eher vornehme „Club zu Darmstadt", in dem eine ewig jung gebliebene Natascha Getränke der gehobenen Kategorie an den Mann brachte. Nebenan, im „Underground", sollte bald akustisch die Hölle los sein.

Bekannte Darmstädter hatten dem dauerklammen Schiemer beim Ausbau geholfen, Ernst Steingässer die mächtige Tür bemalt, der spätere CDU-Europaparlamentarier Bernhard Sälzer, gelernter Architekt, sich um die Statik gekümmert. Kaum eröffnet, strömte zumindest das aufgeschlossene und jugendliche Darmstadt dorthin und verbrachte feucht-fröhliche Abende im eher derb eingerichteten Untergrund. Was auch dem Keller-Klub wehtat, denn wer sich dort zu sehr gegängelt gefühlt hatte, wanderte aus zum Revoluzzer Maarten Schiemer. Der jetzt endlich die Musik spielen lassen konnte, die zeitgemäß war. Schon kam „Taste" mit Rory Gallagher an, sprach sich herum, dass „The Nice" oder „The pretty Things", dass Inga Rumpf oder der legendäre Jazzer Oscar Peterson auftreten würden. Unter den applaudierenden und zechenden Gästen auch immer wieder ein groß gewachsener „Frankfurter Bub" namens Fritz Rau, der sich besonders intensiv für die auftretenden Gruppen interessierte. Peter Gabriel war „im Ground", wie er jetzt hieß, Phil Collins gastierte, Schiemer zog alle Register – und Tausende Fans aus der nahen und weiten Umgebung an.

Ganz nebenbei hat Maarten eine inzwischen sogar cineastisch berühmte Freundschaft gestiftet. Als bei ihm die Gruppe „Amon Düül II" auftrat, lockte das einige Mitglieder der legendären „Kommune 1" an. Die Berliner Vorzeige-Revoluzzer hatten gerade ein Frankfurter SDS-Treffen absolviert und im Anschluss mit Gleichgesinnten eine publikumswirksame Tortenschlacht im und vor dem bekannten Frankfurter „Café Laumer" inszeniert. Die beim anschließenden Polizeieinsatz herumzischenden „Negerküsse" wurden aufgrund der Schlachten-Urheberschaft umgehend „Teufelsküsse" genannt. Fritz Teufel, Mitbegründer der Kommune und einige andere freuten sich nun auf einen konzertanten Abend in Darmstadt à la Düül. Die waren nicht ohne Groupies gekommen, eine schlanke, wohlproportionierte Schönheit mit langem schwarzem Haar namens Uschi hatte die aus München kommende Band gewissermaßen im Reisegepäck. Und schon interessierte sich Kommunarde Reiner Langhans mehr für Uschi als Musik und seinen neben ihm sitzenden Kumpel Fritz. Zwei Tage nach dem Konzert rief Langhans bei Schiemer an und erhielt jene Telefonnummer, die Uschi Obermaier und Langhans dann in der berühmt-berüchtigten „Kommune 1" in Berlin zusammenbrachte.

Tilmann und Micki Wenger, die später mit Peter Gleichauf aus dem Traditionshaus „Zur goldenen Krone", wo einst gar Bonaparte übernachtete, einen Musikdauerevent machen sollten, konnten sich als häufige Gäste bei Schiemer abschauen, was man fürs Handwerk des Impresarios benötigt. So feierte der „Underground" fröhliche Urstände, gelegentlich zogen süßlich duftende Rauchschwaden durch das Gewölbe, was amtlichen Ohren nicht verborgen bleiben sollte. Dass selbst Vorzeigerevoluzzer wie Andreas Baader und Gudrun Ensslin gemütlich zechend und auch zahlend im „Ground" zu Gast waren wie auch ein anderes Pärchen aus der RAF-Frühzeit, blieb der Obrigkeit und den Schlapphüten vom „Bundesamt für Verfassungsschutz" verborgen. Polizei und Ordnungsamt aber fetzten sich nun zunehmend mit Schiemer, weil nüchterne, bekiffte oder angesäuselte Gäste beim Verlassen des Lokals im Hof und auf der Straße lauter waren, als angebracht. Nachbarn machten mobil, Anlieger – und im Juli 1972 war Schiemer den Underground sowie seine Konzession los, Jahre später wurde der Keller sogar zugeschüttet. Emsig widmete sich Maarten fortan der „Aktion Theaterfoyer", eines rührigen und erfolgreichen Belebungsvereins für eine triste Empfangshalle im Staatstheater. Im Januar 1981 brachte Schiemer mit den „foyer nachrichten" ein von ihm redigiertes Kulturmagazin auf den Markt, das bis heute – inzwischen gibt es einen neuen Macher – auf dem Markt ist. Gelegentlich hat es Schiemer dann doch wieder in den Keller-Klub gezogen, dessen geistig inhaltsreiche Zeiten allmählich den eher gastronomischen Belangen wichen. Als Schiemer 1998 der Stadt den Rücken kehrte, war keines seiner Augen tränenfeucht. Heute lebt der Mann, der so viel positive und kreative Unruhe in das einst beschauliche Darmstadt gebracht hat, zufrieden mit sich und der Natur in der „Rue du Marais" in Les Sables d'Olonne an der französischen Atlantikküste. Sein kleines Boot liegt nicht weit weg vom eigenen Häuschen im Hafen und nun gibt der ewig ruhelose, jetzt achtundsiebzig werdend, dort samt errungener französischer Staatsbürgerschaft den alten Mann und das Meer.

Ein Bürgermeister, der keiner war

**Der „Hahne-Schorsch" bleibt dem Martinsviertel
als Platz erhalten**

ES PASST – im wörtlichen Sinne – nicht so ganz ins Bild,
dass ein gestandener Mechanikermeister häufig eine Uniformmütze trug, die von einem seemännischen Symbol,
nämlich einem mit Goldkordel gefassten Anker, geziert
wurde. Noch weniger passt das, wenn der Träger ein Alt-
eingesessener „Watzeverdeler" ist, also aus dem „Martinsviertel" stammt. Die hochdeutsche Zuordnung hat mit
dem Vorläufer der heutigen Martin-Luther-Gemeinde, der
Martins-Gemeinde, zu tun, die eher deftige Dialektbe-
zeichnung stammt aus jener Zeit, in der die Darmstädter
Bauern noch im und am Rand des Viertels Schweine (Wat-
ze) gehalten haben. Noch heute wird ein dicker Mensch
von den Darmstädtern hinter seinem Rücken als „fetter
Watz" bezeichnet, „e old Wutz" hingegen ist jemand, der
mit Ferkeleien auf sich aufmerksam macht.

Das Viertel mit dem Altbau-Flair, netten Lokalen und
teils engen Gassen ist seit Jahr und Tag beliebtes Wohn-
quartier von Studenten, Wohngemeinschaften, jungen
Paaren und Alteingesessenen und weist am Rhönring seit
geraumer Zeit den „Hahne-Schorsch-Platz" aus, gewidmet Georg Hahn, der an der Peripherie des Viertels sein
Fahrrad- und Mechanikergeschäft betrieb. Im Viertel hat
er einst auch seine Lehre beim Meister Stroh in der Ar-
heilger Straße erlernt. Bis er den Spitznamen „Borjemaster vum Watzeverdel" erhielt, sollte eine Weile Zeit für
den am 20. August 1888 geborenen „echte Darmstädter
Bub" vergehen. Vater Hahn war Gardereiter beim Großherzog, Kaufmann dazu, schickte den Sohn erst zur Mit-
telschule, dann zur Ausbildung als Mechaniker. Doch den
Schorsch hielt es danach nicht lange in der Stadt. Er heu-
erte bei der kaiserlichen Marine an, getreu dem kritischen
Spruch seiner Mutter, die dem jungen Heißsporn einmal

Ein Fahrradmechaniker mit Uniformmütze samt Anker und Goldumrandung – Georg Hahn, einst kaiserlicher Matrose, war der „Borjemaster vum Watzeverdel."

gesagt haben soll, „wann de nur do werscht, wo de Peffer wächst". Gesagt, getan, der Schorsch dampfte mit einem Auslandskreuzer los, der in Australien und Indien festmachte, bevor es nach Ostasien ging, wo Georg Hahn im Jahr 1900 beim Boxeraufstand für Kaiser Wilhelm kämpfte. Womit das Rätsel der Uniformmütze samt Anker nun gelöst wäre.

Nach der Rückkehr ins geliebte Viertel arbeitete er als Geselle in verschiedenen Darmstädter Firmen. Als er sich selbständig als Fahrradhändler samt kleiner Werkstatt machte, bezog er Quartier in der Ochsengasse, dann in der Heinheimer Straße und zum Schluss am „Schlossgartenplatz". Insofern auch eine geschichtsträchtige Darmstädter Ecke, denn im Hinterhaus des Hahn'schen Areals hatte 1875 der Darmstädter Mundartdichter Robert Schneider das Licht dieser Welt erblickt.

Im Kriegsjahr 1942 stürzte ein deutsches Flugzeug im Martinsviertel ab und zerstörte große Teile des Anwesens. Es ist verbrieft, dass der „Hahne-Schorsch" dazu folgenden Kommentar abgab: „Obwohl ein Schild vor der Werkstatt hing, dass keine Reparaturen angenommen werden." Für herbe Sprüche und trockenen Heiner-Humor war Hahn ohnehin bekannt – und für noch mehr. 1907

In Darmstadt wird der „Hahne-Schorsch" nicht vergessen, zumal man ihm einen kompletten Platz gewidmet hat.

HAHNE-SCHORSCH-PLATZ

hatte er bereits den Führerschein in der Tasche, und bevor er später mit seinem gelegentlich überladenen alten „Hanomag" unterwegs war, hatte der Schorsch an Motorradrennen teilgenommen, beim Rennen Zürich-Berlin gar den „Großen-Garbatti-Preis" eingeheimst. Hahn sollte später der erste Darmstädter sein, der eine Beiwagenmaschine sein Eigen nannte, die eine besondere technische Finesse hatte: Das Fahrzeug konnte auch aus dem Beiwagen heraus gelenkt werden. Dem Zweirad beruflich wie privat treu bleibend, stemmte Georg Hahn das Radrennen „Rund um die Ludwigshöhe" in Darmstadt und war bei Rad- wie Motorradfans gleichermaßen beliebt wie aktiv.

Geradezu legendär ward sein Ruf, weil dem Mann auch eine gute Portion Schalk hinter den Ohren steckte. So hat Jung-Hahn einst verkündet, nach Amerika auswandern zu wollen, ließ sich von einem gewaltigen Freundeskreis, der seinen schweren Koffer zum Darmstädter Bahnhof schleppte, aufwendig verabschieden, reiste unter Hoch-Rufen davon, stieg im Vorort Arheilgen aus, packte die Ziegelsteine aus dem Koffer und kehrte zur Verblüffung aller, die sich auf seine lange Abwesenheit vorbereitet hatten, grinsend wieder zurück.

Im Schatten der Kirche St. Elisabet war der „Hahne-Schorsch" einst zu Hause.

Dass der Mann, der im August 1971 topfit seinen Neunzigsten gefeiert hatte, den Ehrentitel „Borjemaster vum Watzeverdel" erhielt, hat mit seinem unglaublichen Engagement zu tun. Ohnehin schon diverse Ehrenämter am Hals, engagierte sich Hahn in Vereinen, rief die „Martinskerb" ins Leben und den agilen „Bezirksverein Martinsviertel", und wo es im „Verdel" etwas zu sagen und zu bekritteln galt, war Hahn der Erste, der den Mund aufmachte. Die Stadt hat es ihm gedankt, das Schild am Platz benennt ihn korrekt als „Darmstädter Original". 1972 ist der „Hahne-Schorsch", auch „Hahne-Gockel" genannt, gestorben. Die „Robert-Schneider-Gedenktafel" findet sich noch am Hinterhaus, in der ehemaligen Werkstatt residiert nun ein hübsches Blumengeschäft.

Einer von Hahns „Lehrbuben" war Kurt Becker, der vielleicht vom „Maasder" den Sinn für Skurriles geerbt hat. Becker wurde national durch den Bau von Motorfahrzeugen bekannt, die aus Badewannen mit Zweitaktantrieb und Ähnlichem bestanden, hat mit solch einem Gefährt gar die Alpen überquert um beim Papst „Guten Tag" zu sagen und erfreut sich, wie sein einstiger Chef, gewisser Beliebtheit – als „der eiserne Kurt". Aber das ist eine andere Geschichte.

Der Mann, den alle „Kasper" nannten

Hans Hildenbrandt war der Darmstädter Puppenspieler

DER MANN, der Darmstadts Kinder und die anderer Orte in der Region jahrelang begeisterte, lebte nur einen Steinwurf vom „Herrngarten" entfernt in der Alicenstraße 6. Die Rede ist vom Puppenspieler Hans Hildenbrandt, in zweiter Generation als solcher aktiv. Weil zum Puppenspiel auch das „Kasperle" dazugehört, kannte in den Fünfziger- und Sechzigerjahren im „Johannesviertel" kaum einer den Vornamen des schlanken Mannes, dessen Haltung und Auftritt man mit dem Lehnwort „soigniert" bezeichnen kann. Er wurde schlicht und zutreffend „der Kasper Hildenbrandt" genannt.

Im Jahr 1930 übernahm Hildenbrandt die transportable Bühne samt der Puppen von seinem Vater Ludwig. Seine Pläne, in der Jugend einen technisch orientierten Beruf zu erlernen, wurden zuvor durch die Wirren des Ersten Weltkriegs zunichtegemacht.

Anders als der Vater, der auf Jahrmärkten, Kirchweihen und bei sonstigen Anlässen „sein Theater" aufbaute, verschrieb sich Hildenbrandt fest gebuchter Termine, tingelte in der Region, gab mit Frau Klara Gastspiele bis hin nach Bad Kreuznach. Was ihn noch vom Vater unterschied, waren

Ein Herr vom Scheitel bis zur Sohle – der allgemein beliebte Puppenspieler „Kasper Hildenbrandt".

*Das mobile Puppentheater von Grüner Ludwig Hilden-
brandt nach erfolgtem Aufbau.*

seine Regiebücher. Während der Vater noch locker drauf-
losimprovisierte, notierte der Sohn gewissenhaft die Ab-
läufe seiner Stücke in sein Regiebuch. In Darmstadt gastierte er zum Beispiel im Residenzschloss unter den dor-
tigen Arkaden, die Schutz vor Wind und Wetter boten, das
pp. Publikum nahm auf Holzbänken Platz und harrte der
Dinge. Die großen Stockhandpuppen wurden, je nach An-
lass, von Gattin Klara ausstaffiert, die dem Ehemann als
Kostümschneiderin zur Seite stand.

Als es neben dem „Darmstädter Echo" auch noch das
„Darmstädter Tagblatt" gab, organisierte die Zeitung
1953 im „Concordia Saal" mehrere Aufführungen des
Puppentheaters, die schlagartig ausverkauft waren. Denn
Hildenbrandt bescherte den Darmstädtern und deren be-
geisterten Kindern ein Stück gespielte Heimat. Hildenbrandt hatte das Stück „Der Diamant des Geisterkönigs"

aus der Feder des Wiener Dichters Ferdinand Raimund für das Puppentheater umgeschrieben. Aus den klassischen Figuren Florian Waschblau war „das Heinerle" geworden, aus der treuen Braut des Florian, der Köchin Mariandl, „das liebe Gretchen". Da das in der Rheinstraße beheimatete „Tagblatt" auch noch ermäßigte Karten mit fünfzig Prozent Nachlass in Aussicht stellte, gab es kein Halten mehr. Nach der gelungenen Uraufführung organisierte die Zeitung Gastspiele in der Region. Hans und Klara Hildenbrandt hatten viel zu packen und zu transportieren und gastierten dann in Pfungstadt, Babenhausen, Michelstadt, Höchst und Roßdorf.

Die Institution „Kasper Hildenbrandt" war begehrt und beliebt, im Lauf der Jahre kamen noch drei Mitarbeiter im Puppentheater hinzu. Doch nicht nur für klingende Münze, auch zum Nulltarif trat das Puppentheater auf, weit vor jener Zeit, in der von „Social Event" und „Benefiz" gesprochen wurde. In Kinderheimen und Kinderkliniken erhoben die Hildenbrandts keinen Eintritt. Als der Puppenspieler 1971 seinen siebzigsten Geburtstag feierte, bestand das Stamm-Repertoire aus über fünfunddreißig Stücken. Sie alle verzichteten auf langatmige Dialoge, Kurzweil war angesagt und allgemein gern akzeptierte Volkstümlichkeit. Gut 150 Stabmarionetten bildeten das Ensemble, das sich auch den kalendarischen Gegebenheiten unterwarf. In der Weihnachtszeit ging es im Puppentheater weihnachtlich zu, am „Heinerfest" darmstädtisch-hessisch.

Das Faible der Darmstädter fürs Puppenspiel wird nun in der Nach-Hildenbrandt-Ära von einem anderen Puppenspieler bedient – von Roland Hotz mit seinem Kikeriki-Theater in der Heidelberger Straße, wo man um Eintrittskarten mitunter wochenlang anstehen muss. Der ehemals bekannte Poststempelaufdruck „In Darmstadt leben die Künste" hat zumindest für die Sippe der Puppenspieler noch immer ungebrochen Gültigkeit.

„Es gefällt uns sehr gut …"

Prinzessin Margareth von Hessen pflegte schon mal in der dritten Person von sich zu sprechen

ALS MITTE DER SECHZIGERJAHRE einen stadtbekannten Feuilletonisten eine Einladung in das Schloss Wolfsgarten ereilte, erreichte ihn diese in Zürich. Kurz entschlossen lenkte er seine Schritte ins berühmte Kaufhaus „Globus" und erstand dort ein Mitbringsel für die Gastgeber, den Prinzen von Hessen und seine Gattin Margareth. Für die Reise im Zug wurde es in eine Tüte mit der Werbeaufschrift „Globus" gepackt. In Darmstadt angekommen, ging es mit dem Auto des Freundes Hans gleich weiter in die Residenz bei Langen, die zwar viele Räume aufwies, aber eine Besonderheit im Lebensbereich derer „von Hessen". Gelegentlich betrat man, wenn das Haus gut mit Gästen gefüllt war, das „königliche Schlafgemach", um dort seinen Mantel abzulegen. So taten es die Gäste. Als sie den Raum verließen, nahm die Prinzessin dem aus Zürich herangeeilten Kritikus im Handumdrehen die Tüte mit dem Geschenk ab, warf einen Blick auf den Aufdruck und konstatierte: „Oh, Klopapier, das kann man immer brauchen."

Als die Prinzessin, bereits im Witwenstand, nach der abgeschlossenen Renovierung des „Jagdschlosses Kranichstein" mit Darmstädtern an einem der aufgestellten Biertische im Freien feierte, verblüffte sie ihren Nebenmann. Der fragte nämlich, wie es denn der Königlichen Hoheit gefallen würde, das so toll hergerichtete Schloss. „Es gefällt uns sehr gut, wir sind wirklich erfreut", erhielt er zur Antwort, schaute sich dann verblüfft um, wen die Prinzessin denn mit „wir" gemeint haben könnte. Erst als ihm ein Tischnachbar zuflüsterte, „man" spreche von sich schon mal in der dritten Person, beruhigte sich der Mann. Als die Prinzessin mit ihrem Gemahl einst ein großes Fest „auf Wolfsgarten" gab und viel Prominenz eingeladen hatte, zündete sich der ebenfalls geladene Freiherr von Schauroth eine Zigarette an, ein Nebenmann tat es ihm in den fein ausstaffierten Gemächern gleich. Als sie ihre Asche abstreifen wollten, ging die Gattin eines bekannten SPD-Politikers dazwischen: „Das dürfen Sie nicht tun, der Ascher ist aus Porzellan und echter Jugendstil dazu." Prinzessin Margareth hatte das gehört, kam dazu und korrigierte, indem sie auf die mit Kaffee gefüllten Tassen zeigte. „Dann dürften wir daraus auch nicht trinken. Bitte, rauchen Sie ruhig weiter."

Die besonders sozial engagierte Prinzessin eröffnete viele Jahre lang auch stets den Darmstädter „Rot-Kreuz-Ball" in der Otto-Berndt-Halle. Obwohl aus besserem britischen Hause stammend und der deutschen Sprache bestens mächtig, rutschte ihr gelegentlich „Hiermit eröffne ich das Ball" heraus.

Und so mancher Darmstädter, der mit ihr zu tun hatte, holte sich Rat bei anderen, ging es um die Form des Ansprechens. Während Gewerkschafter und eingefleischte Sozialisten „Frau von Hessen" sagten, was nicht falsch war, lernten andere, Margareth mit „Ihre Königliche Hoheit" anzusprechen. Wer wenig Zeit hatte beschränkte sich auf „Hoheit" und war genauso gut gelitten wie die anderen auch.

Sabine Lemke
**Darmstadt
Farbbildband**
72 S., geb. zahlr. Farbfotos
ISBN 978-3-8313-2309-8

Peter Schmidt
**Augewachsen in Darmstadt
in den 40er und 50er Jahren**
64 S., geb., zahlr. Farb- und
S/w-Fotos
ISBN 978-3-8313-1919-0

Sabine Lemke/Anke Leonhardt
**Aufgewachsen in Darmstadt
in den 60er und 70er Jahren**
64 S., geb., zahlr. Farb- und
S/w-Fotos
ISBN 978-3-8313-1942-8

WARTBERG VERLAG